Die Kunst der Not ist wundersam;
sie macht/Selbst Schlechtes köstlich.

Shakespeare, König Lear

ISBN 3-89798-183-1

Satz, Repro und Layout: KOCMOC.NET, Leipzig
Gesamtherstellung: Salzland Druck GmbH & Co. KG, Staßfurt
Printed in Germany

www.buchverlag-fuer-die-frau.de

Rosemarie Köhler

Falsches Schmalz und Wiesenwein

Ein sächsisches Nachkriegskochbuch
Rezepte, Erinnerungen und Zeitdokumente aus den Jahren 1945–49

BuchVerlag
für die Frau

Inhaltsverzeichnis

Heute für den Vorrat sorgen
erspart uns manche Sorge morgen
Zeitgemäßer Ratgeber für die Vorratswirtschaft
der Hausfrau von E. Hann

Freies
KAUFHAUS

Vorwort

Bis vor ein paar Jahren hingen in vielen Bäckerläden Schilder mit dem mahnenden Vers:

Brot von gestern ist nicht hart -
gar kein Brot - das ist hart!

Die Schilder sind verschwunden und damit auch die Erinnerung, daß vor 60 Jahren in unserem Lande die Menschen hungerten und froren. Die Gedanken aller drehten sich um Überlegungen wie: Würden die Vorräte für das Abendbrot reichen? Ob endlich die Einkellerungskartoffeln „aufgerufen" werden? Bringt Vati von der Hamstertour ein paar Eier mit? Ob die nette Nachbarin wieder einen Korb Falläpfel übrig hat? Gedanken, die uns heute wie „Geschichten aus alter Zeit" anmuten.
Und doch ging das tägliche Leben, zwar unter schwierigen Bedingungen, Tag für Tag weiter.
Zum Beispiel: Am 6. Dezember 1947, am Nikolaustag, schrieb der 13jährige Schüler Wolfgang Henke aus Dresden resigniert und ahnend, daß sich Schuh und Strümpfe nicht mit Süßigkeiten füllen werden, in sein Tagebuch: „Früher, als Nikolaus noch lebte, stand man besonders früh aus dem Bett auf." Am Abend nahm er noch einmal den Bleistift zur Hand und notierte: „Und doch: Ganz hat er uns nicht vergessen! Zum Abendbrot gab's Kartoffelpuffer."
Von der Spannung zwischen diesen beiden Gefühlen - dem verzweifelten Hunger und der Freude über heute Selbstverständliches - handelt dieses Buch.
Nach dem Ende des Zweiten Weltkrieges atmeten die Menschen auf. Endlich Frieden und Hoffnung auf eine bessere Zukunft. Aber noch hieß es mit einer Fülle von Problemen fertig zu werden: der Vater in Kriegsgefangenschaft oder gefallen, die Mutter überfordert, seelisch und körperlich

schwer angeschlagen, die Kinder ewig hungrig und krank - das war der Alltag vieler Menschen in Deutschland.
In diesem Buch berichten Männer und Frauen von ihren leidvollen Erfahrungen nach dem Kriege. Sie erzählen vom Elend der Flüchtlinge und Häftlinge, von der Sorge der Ausgebombten, von Hamsterfahrten und „Stoppeln" auf den Getreidefeldern. Gleichzeitig erinnern sie sich an das „kleine Glück": als die Tante ein halbes Brot brachte, eine Sonderzuteilung von „Radieseln" Frische auf den Abendbrottisch zauberte, wie ein Kohlenzug auf freier Strecke hielt und die Familien im Ort ein paar Tage die Stube heizen konnten. Der wohl bekannteste unter den Verfolgten und Hungernden, Victor Klemperer, fühlte sich „wie im Paradies", als ein Päckchen mit Lebensmitteln von Freunden eintraf.
„Wir sind uns menschlich sehr nahe gewesen, weil es allen schlecht ging. Egoismus hätte den sicheren Tod bedeutet", schreibt eine Dresdenerin. Was der eine an Vorräten, Geräten oder Fähigkeiten besaß, wurde weitergegeben oder getauscht gegen lebensnotwendige Sachen, die man nicht kaufen konnte. Für einen Sack Kartoffeln aus dem eigenen Garten ließ man sich von einem geschickten Nachbarn einen Kaninchenstall bauen. Mütter und Großmütter strickten, nähten und hüteten die kleinen Kinder, während die Nachbarn auf Hamsterfahrt gingen. Beim stundenlangen Anstehen vor Bäcker- oder Fleischerläden wechselte man sich ab und tauschte Rezepte, wie man auch noch Kartoffelschalen verwerten konnte. Und bei Geburtstagen, Taufen oder Silberhochzeiten legten alle zusammen. Ein Eimer Kartoffeln bildete den Grundstoff für die Klöße „halb und halb", darüber gab's an Festtagen Hagebuttensaft oder -sirup. Am Abend gab es winzige Mengen „organisierten" Alkohols.
Im Jahre 1999 erschien mein erstes „Notkochbuch" unter dem Titel „Brennesselsuppe und Rosinenbomber". Es berichtete vom Überlebenskampf der Berliner. Und wie war die Situation in der sowjetisch besetzten Zone, zum Beispiel in Sachsen? Neugierde und Entdeckerfreude waren die Motivation, dies zu erkunden.
Ich hatte Glück, überall auf kompetente und freundliche Menschen zu treffen, die Archive öffneten und Mut machten. Die Liste aller Hilfreichen

ist lang, und ich bin für die vielfältige Unterstützung sehr dankbar, zumal in DDR-Zeiten den Alltagsproblemen der Nachkriegszeit, dem Hunger und der mangelnden Versorgung kaum Beachtung geschenkt und nur wenig Materialien gesammelt und archiviert wurden.
Viele Einwohner wurden gefragt: „Wer erinnert sich noch an Sirupbemme und Nachkriegsstollen?" Briefe brachten eine Fülle von Einsendungen. Alte Kochbücher der Familien wurden kopiert und Rezepte aus der Erinnerung aufgeschrieben. Für einige Einsender war es ein Anlaß, sich der Nachkriegsjahre zu erinnern oder „das einmal für meine Enkel aufzuschreiben".
Meine Arbeit verstehe ich auch als einen nachträglichen Dank an die Mütter, auf deren Schultern damals die Hauptlast für die Familie lag. Sie haben durchgehalten und mit viel Phantasie und Kreativität die Alltagsprobleme gemeistert. Not macht erfinderisch - auch unter diesem Aspekt ist das vorliegende Buch zu lesen.
Die Kochanleitungen reichen von Apfelsuppe über falsche Bratheringe bis Fleischklößchen ohne Fleisch. Von Salat aus Zuckerrübenstielen und Brot aus Eichelmehl sollte man heute die Finger oder besser: die Zunge lassen. Alle notierten Rezepte in diesem Buch sind vielfach erprobt - und hochaktuell: Sie sind kalorienarm und preiswert, vom Geschmack hin und wieder gewöhnungsbedürftig.
Freuen wir uns, daß derzeit die Nikolausstiefel mit allem gefüllt werden können, was das Herz begehrt und der Supermarkt hergibt. Niemand wünscht sich die Notzeiten zurück, aber selbst bereitete Kartoffelpuffer schmecken auch heute noch sehr gut. **Probieren Sie es aus!**

Rosemarie Köhler
September 2006

Backen macht Spaß!

Schweinsohren

Aus 250 Gramm Weizenmehl, etwas Salz, 20 Gramm Hefe, die in einem Achtelliter Milch oder Wasser zerbröckelt wird, jedoch nicht gehen soll, 30 Gramm Fett (ein guter Eßlöffel voll) oder eineinhalb Eßlöffel Öl einen Teig kneten. Diesen zu kleinen Kugeln formen und beiderseitig auf grobem Zucker zu dünnen, ovalen Blättern ausrollen, die auf gefettetem Blech ziemlich heiß gebacken werden. (15 bis 25 Minuten.)

Kaffeekuchen

Eine Tasse mit starkem Ersatzkaffee — Bohnenkaffee ist natürlich besser — wird mit 250 Gramm Mehl, 100 Gramm Zucker, einem Achtelpfund Marmelade und einem halben Backpulver vermengt. Bei guter Hitze wird der Teig in gefetteter Form gebacken. Etwas Zimt oder gestoßene Nelken hinzugefügt, erhöhen den Geschmack.

Möhrenkuchen

30 Gramm Fett, 125 Gramm Zucker, 125 Gramm geriebene Mohrrüben, ein Päckchen Vanillezucker, Zitronenaroma, etwas Salz, 250 Gramm Weizenmehl, drei gestrichene Teelöffel Backpulver, fünf Eßlöffel Milch.

Das Fett wird geschmeidig gerührt und ein Eßlöffel Zucker darunter getan. Dann verrührt man die Mohrrüben mit dem Rest des Zuckers und den Gewürzen. Das mit Backpulver untermischte und gesiebte Mehl wird abwechselnd mit Milch hinzugegeben, bis der Teig schwer vom Löffel fällt. Der Teig wird in eine mit Butterbrotpapier ausgelegte, gefettete Kastenform gegeben und etwa 60 Minuten bei schwacher Hitze abgebacken. Zur Frischhaltung beläßt man auch nach dem Backen das Papier um den Kuchen.

Windbeutel mit falscher Schlagsahne

Auch für Windbeutel gibt es ein sparsames Rezept. 60 Gramm Weizenmehl werden mit einem Achtelliter Magermilch oder Molke verrührt und mit einem Ei verquirlt. (Hierbei aber kein Eiaustauschmittel verwenden.) Eine Prise Salz beigeben und in die gefettete Spiegeleier- oder Pfannkuchenpfanne füllen, so daß jede Vertiefung drei Viertel voll wird. Bei mittlerer Hitze werden die Windbeutel im Backofen etwa 20 Minuten gebacken. Kurz vor dem Servieren werden sie aufgeschnitten und mit falscher Schlagsahne oder Schlagcreme gefüllt.

Falsche Schlagsahne

Ein halber Liter Milch, drei Eßlöffel Zucker und zwei Eßlöffel Mehl werden vermischt und unter Rühren gut durchgekocht, kalt gerührt und bis zum nächsten Tag stehengelassen. Dann schlägt man die Masse unter Beifügung von einem Päckchen Vanillezucker mit dem Schneebesen steif.

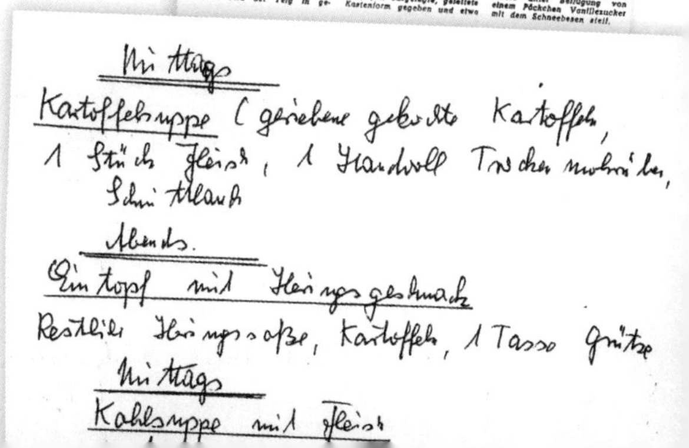

Mittags
Kartoffelsuppe (geriebene gekochte Kartoffeln, 1 Stück Fleisch, 1 Handvoll Trockenmohrrüben, Schnittlauch
Abends.
Eintopf mit Heringsgeschmack
Restliche Heringssoße, Kartoffeln, 1 Tasse Grütze
Mittags
Kohlsuppe mit Fleisch

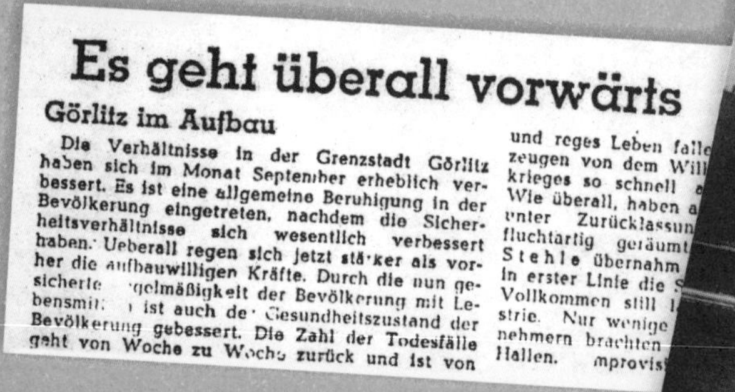

Es geht überall vorwärts

Görlitz im Aufbau

Die Verhältnisse in der Grenzstadt Görlitz haben sich im Monat September erheblich verbessert. Es ist eine allgemeine Beruhigung in der Bevölkerung eingetreten, nachdem die Sicherheitsverhältnisse sich wesentlich verbessert haben. Ueberall regen sich jetzt stärker als vorher die aufbauwilligen Kräfte. Durch die nun gesicherte Regelmäßigkeit der Bevölkerung mit Lebensmitteln ist auch der Gesundheitszustand der Bevölkerung gebessert. Die Zahl der Todesfälle geht von Woche zu Woche zurück und ist von

und reges Leben falle
zeugen von dem Will
krieges so schnell a
Wie überall, haben a
unter Zurücklassun
fluchtartig geräumt
Stehle übernahm
in erster Linie die S
Vollkommen still l
strie. Nur wenige
nehmern brachten
Hallen. mprovis

Zwischen Krieg und Frieden

Die letzten Tage des Krieges

Kurz vor Ende des Zweiten Weltkrieges herrschte in weiten Teilen Deutschlands ein für uns heute unvorstellbares Chaos. Tausende von Flüchtlingen suchten in den zerstörten Städten Schutz, wurden wieder weitergetrieben; das Land war übersät mit Trümmern und Kriegsgerät, Trinkwasser war knapp, Tote mußten eilig beerdigt werden, es herrschte Seuchengefahr. Zwangsarbeiter und Überlebende der Konzentrationslager sprengten ihre Gefängnisse und Lager; sie zogen orientierungslos in Richtung Heimat, die einen nach Osten, die anderen nach Süden.

...sens Städte werde...
...llionen Reichsmark gespendet — Hilfsaktion der ...
zerstörten Städte Dresden, Chemnitz, Leipzig, Plauen und ...
vergangenen Wochen fanden in den
Großstädten Sachsens feierliche Kund-
und Ratssitzungen statt, die sich mit
aufbauplänen dieser Städte beschäftigten.
dieser Tagungen und Veranstaltungen
durch Vertreter des Landesausschusses
die Spende von insgesamt
übergeben.
Chemnitz wurde
Müller der
liche Sitzung des Stadtrates statt, in der d
den Vertreter des Landesausschusses,
Kaden, dem Oberbürgermeister der Krei
Plauen, Herrn Dittel, eine viertel Mil
Reichsmark für den Wiederaufbau
geben wurde. Um dieser schwer zerstörte
weiterhin ... ist ein zusätzlicher
von 50 000 ... die Volkssolidarit
wiesen
Am 8
GROSS-BERLIN
Milchkarte C A
November 1949
Trocken-Vollmilch
250 g
Stempel
S 1A
A A

Trümmerbahn im zerstörten Dresden

In den Wehrmachtskasernen bewachten die Soldaten bis zur letzten Stunde die gut gefüllten Lebensmitteldepots und Kühlhäuser. Es kam zu schrecklichen, manchmal tödlichen Zusammenstößen, wenn aufgeregte Menschenmengen die Öffnung der Depots forderten. Stimmen wurden laut: „*Gebt uns die Waren, bevor der Russe kommt*" oder „*Der Krieg ist aus, wir wollen nicht verhungern*". An einigen Orten hielten SS-Männer mit Waffengewalt die Menge in Schach, anderenorts standen die Türen und Tore offen.

Kurz vor Kriegsende wurde noch ein Lebensmitteldepot der Wehrmacht für die Bevölkerung geöffnet. Da gab es die sogenannten Wehrmachtssuppen: Ziegelsteinform, braun bis hell gesprenkelt. Man bröckelte sie ins Wasser, ließ alles aufkochen und aß frühmorgens eine dünne, mittags eine etwas dickere, dafür salzige, und abends wieder eine dünne Suppe. Hannelore Kuhn, Dresden

Leipzig in der Besatzungszeit

Das heutige Gebiet des Landes Sachsen wurde von amerikanischen Truppen, aber auch von den sowjetischen Streitkräften befreit. Von Stadt zu Stadt, von Landstrich zu Landstrich sind die Tage im April 1945 unterschiedlich empfunden worden.
Seit dem 5. April 1945 rückten die Einheiten der 2. Division der 1. US-Armee von Kassel in Richtung Leipzig und Dresden vor, am 18. April erreichten sie Leipzig. Weiße Fahnen aus Bettüchern wurden zum Zeichen der Kapitulation gehisst und der Einmarsch der Besatzung verlief „ohne nennenswerten Widerstand".
Die Amerikaner besetzten eine Trümmerstadt: Jedes fünfte Gebäude war völlig zerstört, 44 000 Wohnungen gingen gänzlich verloren und 80 % der Leipziger Messeanlagen und des graphischen Gewerbes lagen in Trümmern. 700 000 Kubikmeter Schutt blockierten Straßen und Plätze.
Die amerikanische Besatzungsmacht regelte den Schutz der öffentlichen Einrichtungen durch einen provisorischen Verwaltungs- und Polizeiapparat. Die Leipziger betrachteten die amerikanischen Besatzer mit gemisch-

ten Gefühlen; Gerüchte sickerten durch, daß ihre Anwesenheit nur von kurzer Dauer sein würde.
Neugierige Kinder fanden schnell Kontakt zu den Soldaten. Besonders bestaunten sie die Farbigen, und mit Glück und einigen Brocken Englisch kam man in den Besitz der heiß begehrten Kaugummis oder Schokoladenriegel.

„Ich bekam von einem Amerikaner einen Doppel-Riegel Schokolade geschenkt. Für mich war das ein solcher Schatz, daß ich die Kostbarkeit in ein Porzellanschälchen legte, um jeden Abend genüßlich ein bißchen daran zu lecken. Monika Neuendorf, Ilmenau

„Die Amerikaner haben, wenn Kinder kamen, Studentenfutter auf die Straße geschüttet, so wie man Hühnern das Futter hinwirft. Natürlich sind die Kinder dann gerannt, sie hatten ja nach dem Krieg immer Hunger auf Süßes. Sie pickten das Studentenfutter aus sämtlichen Straßenbahnschienen heraus, während die Amerikaner dahinter standen und filmten. Meine Mutter verbot uns das, sie sagte immer: „Wehe, ihr wagt euch! Ihr macht das nicht, ihr hebt das nicht auf, es geht auch so." Ahbe/Hofmann

Die Amerikaner übernahmen das nationalsozialistische Rationierungssystem für Lebensmittel mit der Einteilung in drei Kategorien (Vollselbstversorger, Teilselbstversorger und Normalverbraucher). Im Chaos der ersten Wochen konnten Bäckereien und Lebensmittelhändler jedoch die zugewiesenen Rationen nicht liefern. Man hat errechnet, daß in den ersten Wochen die tatsächlich ausgegebenen Lebensmittel einem Nährwert von höchstens 753 Kalorien pro Tag entsprachen. Die Menschen lebten fast ausschließlich von im Krieg gehorteten Vorräten.
Bereits am 2. Juli 1945 rückten die Verbände der Roten Armee in die Stadt ein. Als Verwaltung wurde in Leipzig, wie auch in anderen Kommunen, eine Militärkommandantur gebildet, die direkt der Sowjetischen Militäradministration in Deutschland (SMAD) unterstellt war.

Dresdens Aufbauplan 1946

IV. Straßenbahn

Die Straßenbahn plant für das Jahr 1946 außer den laufenden Reparaturen folgende Erweiterung ihrer Betriebsanlagen:

Das Gleisnetz wird um 18 Kilometer Straßenlänge erweitert, und zwar kommen folgende Strecken in Frage: 1. Zusammenschluß der Linie 26 [illegible] in seiner alten Führung über Marienbrücke und Albertbrücke; 2. Georgplatz, Prager Straße, Nürnberger Straße, Durchführung der Linie 11 bis dorthin, um die Verkehrslücke südlich des Hauptbahnhofes zu schließen; 3. Strehlener Straße zur Herstellung der Verbindung nach Zschertnitz; 4. Freiberger Straße, Ammonstraße, Postplatz zur Führung der Linie 7 auf ihrem früheren Fahrweg einschließlich Falkenstraße; 5. Pfotenhauerstraße, Blumenstraße, Sachsenplatz, Marschallstraße; 6. Kurfürstenstraße, Görlitzer Straße, Louisenstraße, Buchenstraße; 7. Bürgerstraße als Entlastungsstrecke. Die dazu notwendigen Schienen, etwa 3400 Meter, müssen ausgebaut werden, da momentan keinerlei neues Schienenmaterial beschafft werden kann. 36 Kilometer neue Oberleitung wird hergestellt. Bis Ende des Jahres werden zusätzlich 60 bis 70 Wagen geschaffen. Im Neubauprogramm befinden sich u. a. 25 Großhechtwagen mit 25 Großanhängern.

Ausbau der Bahnhöfe Waltherstraße, Trachenberge, Tolkewitz, Pfotenhauerstraße und Naußlitz. Vollendung des Ausbaues im Hochhaus. Instandsetzung einer großen Zahl von Wartehallen.

Die Kosten für diese Erweiterungsarbeiten der Straßenbahn werden sich schätzungsweise auf 3 000 000 RM belaufen.

V. Planungen der Drewag

Im Elektrizitäts- und Heizkraftwerk für Reparaturen einer größeren Anzahl technischer Anlagen sowie für Neubauten des Elt-werkes 2 000 000 RM, im Wasserwerk Fertigstellung der Talsperrenversorgung 1 670 000 RM, im Gaswerk für größere Reparaturarbeiten und Ausbau des Rohrnetzes 250 000 RM. Gesamtaufwand der Drewag 3 920 000 RM.

VI. Eisenbahn, Post und Landesverwaltung

1. Eisenbahn:

Schadenbeseitigung am Hauptbahnhof, Neustädter Bahnhof und einer großen Anzahl von Betriebsgebäuden, sowie große Arbeiten an den Gleisanlagen.

2. Post:

Ausbau der Postämter A 7, A 10, A 19, A 24, Paketpostamt, Telegraphenamt Albertstraße, Postgebäude an der Annenstraße usw.

3. Landesverwaltung:

Ausbau des Verwaltungsgebäudes an der August-Bebel-Straße, der Technischen Hochschule, der Frauenklinik, der Kasernen 190 und 191 für die Versicherungsanstalten, der Landesbibliothek in der ehemaligen Infanterieschule, Teilarbeiten am Zwinger, an der katholischen Hofkirche und anderen Baudenkmälern. Insgesamt sind für die drei Bauträger an Kosten eingesetzt: 9 000 000 RM.

VII. Brücken, Straßen, Kanalbauten

Darunter die Fertigstellung der Albertbrücke, der Marienbrücke, der Loschwitzer Brücke, der Weißeritzbrücke und der Straßenbrücke Wernerstraße sowie die Reparatur der Straßendecken. Kosten: 5 500 000 RM.

VIII. Industrie, Handel und Gewerbe

Durch eigene Ermittlungen konnte der größte Teil der Bauvorhaben festgestellt werden mit einem schätzungsweisen Kostenaufwand von 9 000 000 RM. Dieser Betrag verteilt sich auf etwa 22 größere Bauvorhaben und Firmen.

IX. Sonstige Bauten

Unter diese Rubrik fallen neben der ASW und anderen halbstaatlichen Bauvorhaben zwei Projekte, die es verdienen, daß man einige Worte besonders dazu sagt.

Eine der Kostbarkeiten, die Dresden in der Welt berühmt machten, war das Deutsche

Hygiene-Museum.

Für den beschleunigten Wiederaufbau — dessen Kosten die deutsche Zentralverwaltung übernimmt — sind 1 000 000 RM eingesetzt.

Das Gebäude der ehemaligen Landesbauernschaft wird mit einem Aufwand von 1 000 000 RM wieder hergestellt und wird nach dem Beschluß der zuständigen Instanzen in Zukunft — ich persönlich hoffe recht bald — der

Sitz der Landesleitung der vereinigten Arbeiterpartei sein.

Als Gesamtkosten sind in dieser Rubrik 3 500 000 RM eingesetzt.

X. Trümmerbeseitigung

Dafür sind im Plan 4 000 000 RM eingesetzt, die aber zum allergrößten Teil später wieder eingehen.

Die Kosten unseres gesamten Aufbauplanes für 1946 belaufen sich demnach auf insgesamt

80 737 000 RM

Oben: Erstes Handanlegen

Erinnerungen an die ersten Tage

„Gleich nach Ende des Krieges ging es uns relativ gut, denn meine Mutter war mit einigen anderen Frauen von einer Einheit der Roten Armee als Küchenhilfe requiriert worden. So kamen nicht nur täglich genug warmes Essen, sondern auch bestimmte Schlachtreste (Innereien, Schweineköpfe), die ansonsten vernichtet worden wären, frisch auf den Tisch. Leider wurde die Einheit nach drei oder vier Monaten verlegt, und die Herrlichkeit war vorbei.

Dr. Dieter Panier, Ilmenau

„Unserem Haus gegenüber waren die Sowjets einquartiert. Im Keller hielten sie Schweine. Eins war ausgerissen, und mein Bruder und ich fingen es ein. Als Belohnung gab uns die Offiziersfrau eine dicke Scheibe Schwarzbrot, mit Butter bestrichen. Auch das habe ich nie vergessen. Meine kleine, damals 6jährige Schwester war sehr verärgert, weil wir ihr nichts abgaben. Sie kann sich noch heute daran erinnern. Richard Tiefenbach, Leipzig

Sachsens Städte werden aufgebaut

Zwei Millionen Reichsmark gespendet — Hilfsaktion der Volkssolidarität für die zerstörten Städte Dresden, Chemnitz, Leipzig, Plauen und Görlitz

In den vergangenen Wochen fanden in den zerstörten Großstädten Sachsens feierliche Kundgebungen und Ratssitzungen statt, die sich mit den Neuaufbauplänen dieser Städte beschäftigten. Anläßlich dieser Tagungen und Veranstaltungen wurde durch Vertreter des Landesausschusses der Volkssolidarität die Spende von insgesamt zwei Millionen Reichsmark übergeben.

In einer Großkundgebung in Chemnitz wurde durch den Oberbürgermeister Max Müller der Aufbauplan der Stadt Chemnitz der Oeffentlichkeit mitgeteilt. Als Vertreter der Landesverwaltung sprach Herr Ministorialdirektor Gladewitz und überreichte zu gleicher Zeit in einem feierlichen Akt dem Oberbürgermeister im Namen [illegible]

liche Sitzung des Stadtrates statt, in der durch den Vertreter des Landesausschusses, Herrn Keuen, dem Oberbürgermeister der Kreisstadt Plauen, Herrn Dittel, eine viertel Million Reichsmark für den Wiederaufbau übergeben wurde. Um dieser schwer zerstörten Stadt weiterhin zu helfen, ist ein zusätzlicher Betrag von 50 000 RM durch die Volkssolidarität überwiesen worden.

Am 8. März fand in Görlitz eine Sitzung der Stadtverwaltung statt, in der dem Oberbürgermeister von Görlitz, Herrn Prenzel, durch den Landgerichtsdirektor Brodauf im Auftrag des Landesausschusses der Volkssolidarität eine viertel Million Reichsmark übergeben wurde. Mit einem Gedicht überreichten zwei [illegible]

Es geht überall vorwärts

Görlitz im Aufbau

Die Verhältnisse in der Grenzstadt Görlitz haben sich im Monat September erheblich verbessert. Es ist eine allgemeine Beruhigung in der Bevölkerung eingetreten, nachdem die Sicherheitsverhältnisse sich wesentlich verbessert haben. Ueberall regen sich jetzt stärker als vorher die aufbauwilligen Kräfte. Durch die nun gesicherte Regelmäßigkeit der Bevölkerung mit Lebensmitteln ist auch der Gesundheitszustand der Bevölkerung gebessert. Die Zahl der Todesfälle geht von Woche zu Woche zurück und ist von fast 250 in der Woche jetzt auf kaum mehr als 150 gesunken. Durch die rückströmenden Evakuierten und Flüchtlinge wächst die Bevölkerungsziffer, so daß die Stadt bereits wieder fast 80 000 Einwohner zählt. In Kürze wird Görlitz somit seine Vorkriegsbevölkerungsziffer von etwa 100 000 erreicht haben.

Die Betriebe sind 100prozentig in Gang gesetzt. Ueberall an den Häusern der verhältnismäßig wenig von den Kriegsereignissen mitgenommenen Stadt finden Ausbesserungsarbeiten statt, damit vor dem Eintreten der Kaltwetterperiode die Räume vor weiteren Schädigungen und die Bewohner vor Kälte und Unbilden der Witterung geschützt sind. Ueberall zeigt sich eine besonders starke Initiative der Arbeiterschaft, die in einzelnen Betrieben freiwillig auf einen Teil ihrer Löhnung verzichtet hat, um den Wiederaufbau zu ermöglichen, oder die an anderer Stelle Ueberstunden leistet, um aus deren Erträgnissen die Reparatur von landwirtschaftlichen Maschinen finanzieren zu können.

Sehr nachteilig macht sich der große Mangel an Verkehrsmitteln bemerkbar, der in Görlitz stärker ist als in den übrigen Städten Sachsens. Es wird deshalb ein Ausgleich über die Landesverwaltung angestrebt, damit die in dem Westteil Sachsens nicht erforderlichen Last- und Personenkraftwagen nach Görlitz übergeführt werden.

... auch Glashütte

Ein Gang durch die weit über die Grenzen hinaus bekannte Stadt der Uhrmacher und Feinmechaniker läßt eine straffe Führung erkennen. Saubere Straßen, geordnete Grünanlagen und reges Leben fallen auf. Einige Baugerüste zeugen von dem Willen, die Narben des Hitlerkrieges so schnell als möglich zu beseitigen. Wie überall, haben auch hier die Nazis ihr Feld unter Zurücklassung eines Trümmerhaufens fluchtartig geräumt. Bürgermeister Genosse Stehle übernahm ein schweres Amt. Es galt in erster Linie die Sicherstellung der Ernährung. Vollkommen still lag die einst blühende Industrie. Nur wenige Aussprachen mit den Unternehmern brachten wieder Leben in die leeren Hallen. Improvisieren war Trumpf. Nazibetriebe mußten in Treuhänderhände gelegt werden. Die Kassen waren leer. Also bestimmte eine örtliche Anweisung, daß alle in Besitz befindlichen Geldbeträge über 500 RM der Kasse anzubieten sind. So kam das Geldwesen in Fluß. Den umliegenden Dörfern mußte ebenfalls in vielen Sachen geholfen werden. Eine Fahrgemeinschaft mußte erstellt werden, um die wichtigsten Güter heranzuholen. Der Eisenbahnverkehr Glashütte—Heidenau wurde durch besondere Initiative des Bürgermeisters verhältnismäßig schnell in Gang gebracht. Mitten in diese mühevollen Arbeiten kamen die Flüchtlingsströme aus dem Sudetenland. Eine schwere Belastung für alle. Ueber die weiteren Aufbaupläne äußert sich der Bürgermeister Stehle hoffnungsfroh. Glashütte wird wieder die Stadt der Uhrmacher und Feinmechaniker. Die weltberühmte Uhrenfabrik Lange baut ihre Trümmerstätte in Kürze auf. Es bleibt natürlich nicht aus, daß auch Glashütte bei der Wiedergutmachung erheblich beteiligt ist. Also müssen andere Industriezweige hereingenommen werden. So wird eine Schuh- und Kleinmöbelfabrik erstehen. Die seit undenklichen Zeiten bestehenden Wasserschwierigkeiten werden durch den bereits genehmigten Bau einer Talsperre behoben. Für 1½ Jahre haben 300 bis 400 Menschen Arbeit. Eine Wirtschafts- und Oberschule sowie ein Seminar für Laienlehrkräfte werden in Glashütte eine Heimstätte finden. Die Einrichtung eines Krankenhauses ist geplant. Der große Gedanke einer Wirtschaftskollektive für die Stadt wird eifrig vorangetrieben. Die Förderung des kulturellen Lebens findet laufend Belebung durch Konzerte, Vorträge und sonstige Veranstaltungen. We.

Auf Marken – die Lebensmittelkarten

Als die Sowjets die Verwaltung übernahmen, waren die Lebensmittelvorräte bis auf ein Minimum erschöpft. Die von den sowjetischen Behörden eingesetzten Verwaltungen standen vor schweren, fast unlösbaren Aufgaben.

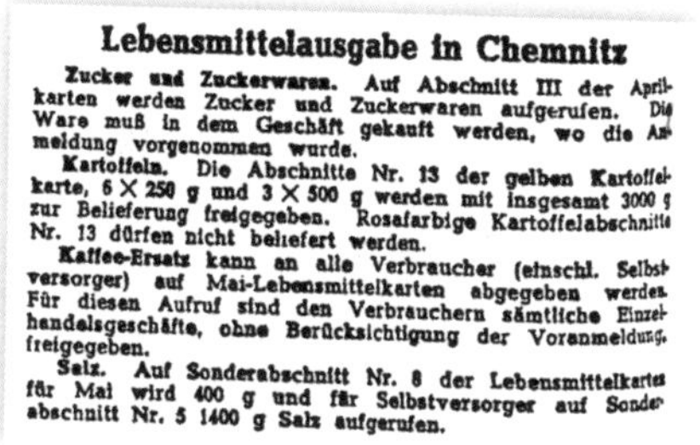

Lebensmittelausgabe in Chemnitz

Zucker und Zuckerwaren. Auf Abschnitt III der Aprilkarten werden Zucker und Zuckerwaren aufgerufen. Die Ware muß in dem Geschäft gekauft werden, wo die Anmeldung vorgenommen wurde.

Kartoffeln. Die Abschnitte Nr. 13 der gelben Kartoffelkarte, 6 × 250 g und 3 × 500 g werden mit insgesamt 3000 g zur Belieferung freigegeben. Rosafarbige Kartoffelabschnitte Nr. 13 dürfen nicht beliefert werden.

Kaffee-Ersatz kann an alle Verbraucher (einschl. Selbstversorger) auf Mai-Lebensmittelkarten abgegeben werden. Für diesen Aufruf sind den Verbrauchern sämtliche Einzelhandelsgeschäfte, ohne Berücksichtigung der Voranmeldung, freigegeben.

Salz. Auf Sonderabschnitt Nr. 8 der Lebensmittelkarten für Mai wird 400 g und für Selbstversorger auf Sonderabschnitt Nr. 5 1400 g Salz aufgerufen.

„Fritz Selbmann, seit 1945 Vizepräsident, ab 1946 Minister für Wirtschaft in Sachsen, sorgte sich im August 1945: „(...) wir wissen heute noch nicht, ob wir in diesem Winter unser Volk ernähren können. Wir kämpfen heute fast Tag für Tag um das tägliche Brot im buchstäblichen Sinne des Wortes. (...) Heute sind zum Beispiel statt 80 Waggons Kartoffeln nur 20 angekommen." Rainer Gries

„Überall stehen russische Posten, die Russen treiben das Vieh fort, es herrscht Hunger, schon hört man: unter Hitler habe jeder wenigstens bekommen, was auf den Marken versprochen war, ein bißchen Fett, ein bißchen Wurst, und jetzt verfallen die Marken. Victor Klemperer, 20. Juli 1945

In Leipzig legte der Oberbürgermeister der Stadt auf Befehl sowjetischer Behörden am 3. August 1945 die wöchentlichen Lebensmittelrationen für fünf Gruppen (Schwerarbeiter, Arbeiter, Angestellte, Kinder bis 14 Jahre und Nichtarbeitende) fest:

Gruppe	Tätigkeit	Brot	Fleisch	Fett	Nährmittel	Zucker
I	Schwerarbeiter	3150 g	350 g	210 g	280 g	175 g
II	Arbeiter	2800 g	280 g	105 g	210 g	150 g
III	Angestellte	2100 g	245 g	70 g	140 g	140 g
IV	Kinder bis 14 Jahre	1750 g	140 g	140 g	140 g	175 g
V	Nichtarbeitende	1750 g	140 g	49 g	105 g	105 g

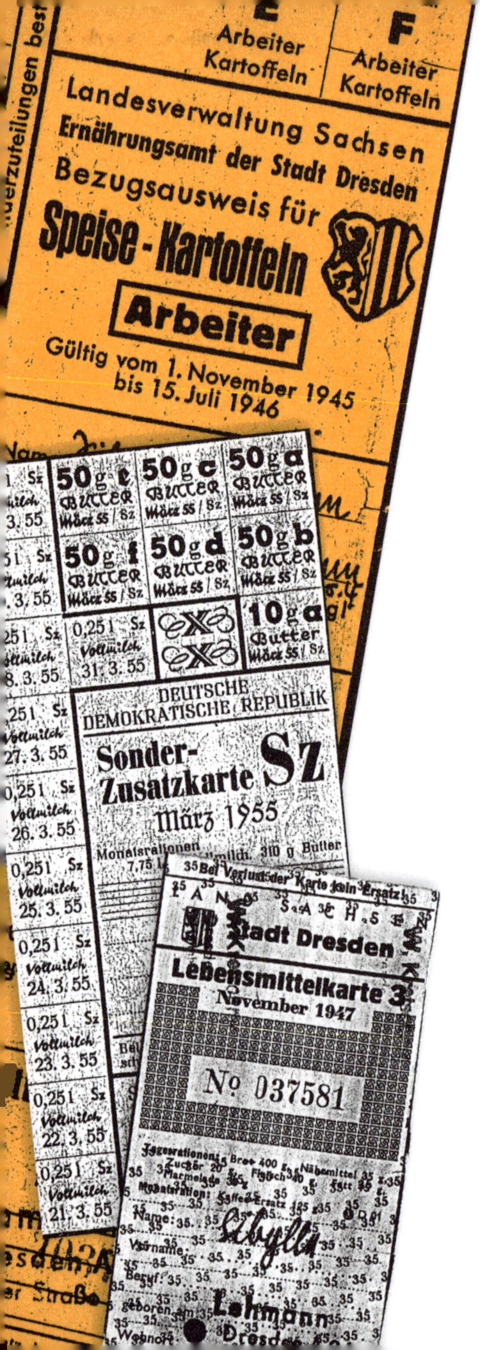

In Industriegebieten wurde die Gruppe I noch unterteilt in Schwer- und Schwerstarbeiter. Die Einwohner der Großstädte Leipzig und Dresden erhielten höhere Rationen als die Bewohner von Kleinstädten. Besondere Regelungen gab es für die Landbevölkerung.

Fast die Hälfte der Bevölkerung mußte sich mit den geringsten Rationen für Nichtarbeitende zufrieden geben. Zur Gruppe V gehörten Personen ohne regelmäßige Tätigkeit, Rentner, Gebrechliche, Schwerbeschädigte und auf Dauer Erkrankte sowie nichtberufstätige Hausfrauen. Dieser Gruppe wurden auch ehemalige Mitglieder der NSDAP und deren Untergliederungen zugeordnet; sie erhielten Karten in gelber Farbe.

Im Laufe der nächsten Jahre änderten sich die Einteilungen in die verschiedenen Gruppen, die Rationen erhöhten sich je nach wirtschaftlicher Lage.

Im ersten Rechenschaftsbericht des Leipziger Oberbürgermeisters Dr. Erich Zeigner im Jahre 1946 wurde festgestellt:

Man sollte sich etwa erinnern, daß in Leipzig bei Kriegsende den Erwachsenen nur noch 171,4 Gramm, den Jugendlichen 200 Gramm, und den Kindern 100 Gramm, täglich an Brot zugebilligt werden konnten. Es ist nunmehr der SED geglückt, (...) ab 1.8.46 eine Erhöhung der Zuteilung zugunsten einiger besonders benachteiligter Verbraucherkreise zu erwirken.

Gerade in der Nachkriegszeit, als die Kriegsgefangenen zurückkehrten, als Hunger herrschte und die Menschen keine Widerstandskraft mehr hatten, verbreiteten sich Seuchen, besonders Typhus und Tuberkulose. Die sowjetische Militäradministration befahl die Typhus-Impfung. Obwohl die Menschen gezwungen wurden: Wer nicht ging, bekam keine Lebensmittelkarten. Ahbe/Hofmann

(...) Im Oktober (1946) mußte ich auf das Arbeitsamt, denn es gab keine Möglichkeit, frei Arbeit zu suchen. Auf dem Amt berichtete ich, daß ich gern einen Beruf lernen möchte. Man antwortete mir: „Lernen können Sie auf dem Bau." „Und wenn ich nicht auf den Bau gehe?" „Dann bekommen Sie keine Lebensmittelkarten." Mir blieb nichts übrig, ich lernte auf dem Bau und sammelte dort meine Erfahrungen. Ahbe/Hofmann

Die Anordnungen des Alliierten Kontrollrats unterwarfen Männer und Frauen einer Arbeitsverpflichtung. Auch für Frauen, die mehrere Kinder zu versorgen hatten, bedeutete das: *„Du mußt Trümmerarbeit leisten, sonst gibt es keine besseren Lebensmittelkarten, keine Wohnung."*
Wer versehentlich oder wissentlich zusätzliche oder höhere Lebensmittelkarten erhalten hatte, mußte mit erheblichen Strafen rechnen: Eine Frau hatte auf der Kartenstelle versehentlich eine Karte zuviel bekommen und nicht zurückgegeben. Dieses Versehen wurde als Betrug und Wirtschaftsvergehen mit einem Monat Gefängnis bestraft. Wer sich durch ein Scheinarbeitsverhältnis eine höhere Lebensmittelkarte erschlichen hatte, kam für sechs Monate in Haft.
Lebensmittelkarten waren das wichtigste Dokument zum Überleben. Eine Katastrophe bedeutete es, wenn die Karten verloren gingen oder gestohlen wurden, denn es gab grundsätzlich keinen Ersatz.
Noch bis Ende der fünfziger Jahre waren in der DDR Fleisch, Fett und Zukker rationiert. Auf Lebensmittelkarten erhielten die Bezieher der Grundkarte 1958 monatlich 1380 Gramm Fleisch, 915 Gramm Fett und 1240 Gramm Zucker.

„Ich war bei Kriegsende 3 1/2 Jahre alt. Meine Mutter erzählte später, daß ich als kleiner Knirps weder lesen noch rechnen konnte. Aber was ich genau wußte: auf welchen Markenabschnitt es welche Lebensmittel gab. Oft habe ich auch den Platz in der Warteschlange beim Bäcker oder Fleischer für meine Mutter freigehalten. Ich habe dann immer gesungen, das freute alle Leute, und ich erhielt manchmal einen Bonbon oder einen Apfel. Rainer H., Dresden

Volksstimme, 12. Januar 1946

Gebühr von RM -,20 für ausgegebene Lebensmittelkarten
Es liegt Veranlassung vor, darauf hinzuweisen, daß die (...) erhobene Gebühr von RM -,20 für die ausgegebenen Lebensmittelkarten dazu dient, die Kosten für den Druck und die Ausgabe der Lebensmittelkarten zu decken.

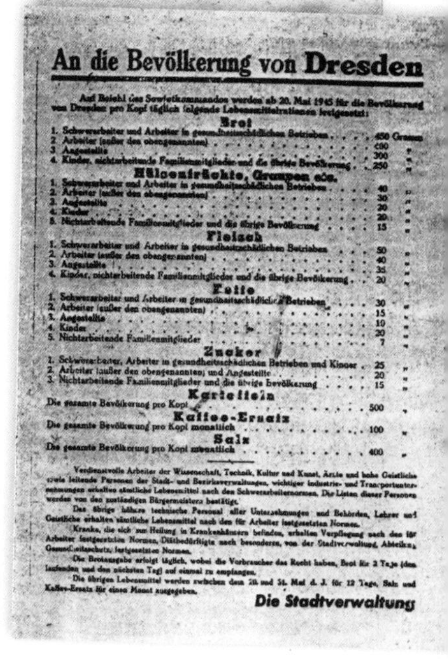

An die Bevölkerung von Dresden

Auf Befehl des Sowjetkommandos werden ab 20. Mai 1945 für die Bevölkerung von Dresden pro Kopf täglich folgende Lebensmittelrationen festgesetzt:

Brot

1. Schwerarbeiter und Arbeiter in gesundheitsschädlichen Betrieben . . . 450 Gramm
2. Arbeiter (außer den obengenannten) . . . 400 "
3. Angestellte . . . 300 "
4. Kinder, nichtarbeitende Familienmitglieder und die übrige Bevölkerung . . . 250 "

Hülsenfrüchte, Graupen etc.

1. Schwerarbeiter und Arbeiter in gesundheitsschädlichen Betrieben . . . 40 "
2. Arbeiter (außer den obengenannten) . . . 30 "
3. Angestellte . . . 20 "
4. Kinder . . . 20 "
5. Nichtarbeitende Familienmitglieder und die übrige Bevölkerung . . . 15 "

Fleisch

1. Schwerarbeiter und Arbeiter in gesundheitsschädlichen Betrieben . . . 50 "
2. Arbeiter (außer den obengenannten) . . . 40 "
3. Angestellte . . . 35 "
4. Kinder, nichtarbeitende Familienmitglieder und die übrige Bevölkerung . . . 20 "

Fette

1. Schwerarbeiter und Arbeiter in gesundheitsschädlichen Betrieben . . . 30 "
2. Arbeiter (außer den obengenannten) . . . 15 "
3. Angestellte . . . 10 "
4. Kinder . . . 20 "
5. Nichtarbeitende Familienmitglieder . . . 7 "

Zucker

1. Schwerarbeiter, Arbeiter in gesundheitsschädlichen Betrieben und Kinder . . . 25 "
2. Arbeiter (außer den obengenannten) und Angestellte . . . 20 "
3. Nichtarbeitende Familienmitglieder und die übrige Bevölkerung . . . 15 "

Kartoffeln

Die gesamte Bevölkerung pro Kopf . . . 500 "

Kaffee-Ersatz

Die gesamte Bevölkerung pro Kopf monatlich . . . 100 "

Salz

Die gesamte Bevölkerung pro Kopf monatlich . . . 400 "

Verdienstvolle Arbeiter der Wissenschaft, Technik, Kultur und Kunst, Ärzte und hohe Geistliche sowie leitende Personen der Stadt- und Bezirksverwaltungen, wichtiger Industrie- und Transportunternehmungen erhalten sämtliche Lebensmittel nach den Schwerarbeiternormen. Die Listen dieser Personen werden von den zuständigen Bürgermeistern bestätigt.

Das übrige höhere technische Personal aller Unternehmungen und Behörden, Lehrer und Geistliche erhalten sämtliche Lebensmittel nach den für Arbeiter festgesetzten Normen.

Kranke, die sich zur Heilung in Krankenhäusern befinden, erhalten Verpflegung nach den für Arbeiter festgesetzten Normen, Diätbedürftigte nach besonderen, von der Stadtverwaltung, Abteilung Gesundheitsschutz, festgesetzten Normen.

Die Brotausgabe erfolgt täglich, wobei die Verbraucher das Recht haben, Brot für 2 Tage (den laufenden und den nächsten Tag) auf einmal zu empfangen.

Die übrigen Lebensmittel werden zwischen dem 20. und 31. Mai d. J. für 12 Tage, Salz und Kaffee-Ersatz für einen Monat ausgegeben.

Die Stadtverwaltung

Um die Rationen der Hausfrau

Angestellten- statt Nichtarbeiterkarte

Wohl keine andere Frage als die der Einstufung der Hausfrauen bei der Lebensmittelzuteilung als Nichtarbeiter hat uns so viel Zuschriften eingebracht. Nicht nur die Betroffenen, sondern auch die zuständigen Stellen haben nach einer gerechten Lösung der Frage gesucht, und es ist zu hoffen, daß sie bald in einem alle befriedigenden Sinne entschieden wird.

Aus der Fülle der Zuschriften veröffentlichen wir eine, die das Problem nach verschiedenen Seiten schildert. Es heißt da:

„Wenn man durch die sächsischen Städte geht oder durch die Straßen der Hauptstadt, dann sehen wir immer wieder lange Schlangen von Frauen stehen, die auf irgendeine Ware warten. Genau genommen stehen unsere Hausfrauen einen erheblichen Teil der Tagesstunden Schlange. Sie stehen nach Fleisch, sie stehen nach Butter, sie stehen nach Milch, nach Fleischbrühe, nach Kohlen und auch nach anderen Dingen. Sie stehen auf dem Wirtschaftsamt, um einen Bezugschein einzureichen, sie stehen wieder, um ihn zu holen, sie stehen schließlich nach der bewilligten Ware. Damit ist ihre Arbeit aber noch längst nicht beendet. Sie müssen auch das Essen kochen, und das in einer Stadt wie Dresden unter zur Zeit sehr erschwerten Verhältnissen. Kurz und gut, die Tagesarbeit der Hausfrau ist in den letzten Jahren zu einer Leistung angestiegen, die sich neben der eines Arbeiters in der Fabrik sehen lassen kann. Das wird kein vernünftiger Mensch leugnen.

Und dennoch: die Hausfrau wird als Nichtarbeiter angesehen und erhält so die niedrigsten Rationen!

Wir können uns folgenden Fall vorstellen: Eine Mutter hat drei Töchter, die im Büro tätig sind. Diese Töchter, deren Arbeit und Kräfteverbrauch tagsüber in keinem Verhältnis stehen zur Leistung der Mutter, die für eine fünfköpfige Familie die Lebensmittel herbeizuschaffen hat, erhalten die Angestelltenrationen. Sie erhalten Fleisch, Butter usw., die Mutter erhält auf ihre Nichtarbeiterkarte meist nichts.

Wir glauben das Recht der Kritik, das untrennbar mit einem demokratischen Staatswesen verbunden ist, nicht zu überschreiten, wenn wir sagen, das ist eine Ungerechtigkeit!

Man wird uns sagen, man wolle die Nichtstuer unter den Frauen treffen. Gut! Aber diese Nichtstuer trifft man ja nicht! Die gehören jenen Kreisen an, die in der Lage sind, sich ‚hintenherum' einen Ausgleich zu schaffen. Wer getroffen wird, das sind unsere Arbeiterfrauen und Arbeitermütter. Jeder Kritiker hat die Pflicht, zu sagen, wie man es besser machen soll. Wir wollen darum auch einen Vorschlag machen: Man nehme die Hausfrauen in die Gruppe der Angestellten! Damit wäre die unseres Erachtens nicht richtige Einstufung von Hunderttausenden durch die Not der Zeit überarbeiteter und abgehetzter Hausfrauen beseitigt."

Versorgungsprobleme

Die Versorgung der Bevölkerung nach dem Krieg blieb in ganz Deutschland äußerst instabil. Sowohl in den Westzonen als auch in der sowjetisch besetzten Zone konnte eine ausreichende Versorgung trotz aller Anstrengungen nicht garantiert, geschweige denn Vorratswirtschaft für Notzeiten betrieben werden. Im Rückblick scheint es fast unglaublich, daß es im kriegszerstörten Deutschland nicht zu einem Massensterben durch Unterernährung und Mangel an lebenswichtigen Gütern kam.

Die Gründe, warum nicht ausreichend Lebensmittel produziert und verteilt werden konnten, sind vielschichtig. Durch die Abtrennung der Ostgebiete des Deutschen Reiches fehlte fast ein Viertel der Anbauflächen. Gerade die Gebiete unter russischer und polnischer Verwaltung wie Ostpreußen, Pommern und Schlesien waren traditionell landwirtschaftliche Anbaugebiete und Zulieferer. Besonders Kartoffeln und Getreide, aber auch Fette und Schlachtvieh waren in Friedenszeiten - und noch während des Krieges - aus diesen Gebieten ins übrige Deutschland geliefert worden.

Problematisch blieb aber auch für Jahre die Nutzung der noch vorhandenen Anbauflächen. Riesige Flächen waren zerstört, aufgewühlt, von Panzerspuren zerfurcht und mit Munition verseucht. Diese Flächen wieder herzurichten erforderte viel Kraft und Sachkenntnis; dazu fehlten jedoch qualifizierte und körperlich kräftige Landwirte und Landarbeiter. Viele Männer waren gefallen, Tausende schwer kriegsverletzt oder noch in Kriegsgefangenschaft.

Der Ertrag der landwirtschaftlichen Produkte betrug in den Nachkriegsjahren nur etwa ein Drittel der Vorkriegsmenge. Gravierend war der Mangel an Dünger für die ausgezehrten Böden. 1945/46 konnten der Landwirtschaft nur etwa 10 % des normalen Bedarfs an Stickstoff, Kali und Phosphorsäure zugeteilt werden. Auch in späteren Jahren wurde der Düngerbedarf nur zu 30–50 % gedeckt.

Vor allem fehlte es an Saatgut. In Zeiten absoluter Hungerbedrohung wurden Saatgetreide zu Brotmehl vermahlen und Vorräte an Saatkartoffeln verzehrt. Dazu kam noch der absolute Mangel an Schädlingsbekämp-

fungsmitteln. Bei den Aktionen zur Bekämpfung des Kartoffelkäfers wurden Tausende von Schulkindern auf die Kartoffeläcker geschickt.
Viele dringend benötigte Lebensmittel gingen auf Transportwegen verloren oder verdarben. Es fehlte an Lokomotiven, Lastwagen, Traktoren und landwirtschaftlichem Gerät von Pflug und Egge bis zu alltäglichen Gebrauchsgegenständen wie Draht, Nägel, Säcke, Körbe und Bindegarn. Leicht verderbliche Waren wie Fleisch, Fisch und Gemüse konnten nicht ordnungsgemäß gelagert werden, weil Lagerhallen und Kühlhäuser zerstört waren. Die Abgabe von Treibstoff unterlag strenger Kontrolle. Mißbrauch und Schmuggel wurden in den ersten Jahren von den sowjetischen Behörden mit drastischen Strafen geahndet.
Was der Krieg noch unzerstört gelassen hatte, wurde von der sowjetischen Administration als Reparationszahlung beansprucht und in die UdSSR geschafft. Die Menschen standen buchstäblich vor dem Nichts.

Bericht des Leiters der Politverwaltung der 1. Ukrainischen Front über die Lebensmittelversorgung der Stadt Dresden

Nr. 0315 — 25. Mai 1945

An den Kriegsrat der 1. Ukrainischen Front.

Durchschlag an Chef der Verwaltung Rückwärtige Dienste der 1. Ukrainischen Front, Generalleutnant Genossen Anissimow;

Durchschlag an Leiter der Abteilung 7 der Politischen Hauptverwaltung der Roten Arbeiter- und Bauernarmee, Generalmajor Genossen Burzew.

Aus dem Protokoll der Sitzung des Rates der Stadt Dresden vom 16. Mai 1945

Anwesend:
Oberbürgermeister Friedrichs
Bürgermeister Fischer
Bürgermeister Dr. Meißner
Stadtrat Matern
Stadtrat Dr. Pollack
Stadtrat Dr. Grube
Stadtrat Welz
Stadtschreiber Eckhardt
Herr Richter
als Protokollant Dr. Ebert

Herr Römer vom Dresdener Ernährungsamt wird beigezogen.

Der Oberbürgermeister berichtet über die Verhandlungen mit dem Stadtkommandanten zur Transportfrage. Der Kommandant hat zunächst auf 3 Tage 40 Kraftwagen zur Verfügung gestellt, die insbesondere zur Beschaffung von Brennmaterial und Heranschaffung von Lebensmitteln verwendet werden sollen. Auch stellte er 15 Personenwagen in Aussicht.

Der Stadtkommandant bittet um die Aufstellung einer Liste, wieviel LKWs für die Verteilung der Lebensmittel, Brennmaterial und dgl. in Dresden benötigt werden....

Es sind weiterhin zugesagt die sofortige Bestellung von 1500 Kühen, die auf dem Schlachthof geschlachtet und der Bevölkerung zur Verfügung gestellt werden. Weiter sind im Anrollen Mehl, Grieß und Fleisch.

...

Die Rote Armee will Alters- und Kinderheime bevorzugt mit Lebensmitteln beliefern. Es soll sofort eine Liste durch die Abteilung Soziale Verwaltung (Frau Stadträtin Fenske) zusammengestellt werden über die vorhandenen Heime mit Anzahl der Insassen.

...

Für die beschlagnahmten Lager und die Verhandlung über Freigabe des Inhalts und dgl. ist Oberleutnant Senjuschew zuständig, der auch über Transportangelegenheiten entscheidet.

...

Wegen der Herausgabe einer Zeitung, der Wiedereröffnung [illegible] und der übrigen geistigen [illegible]

"An allem ist die Ernährung schuld - sogar am guten Benehmen!"

Notmaßnahmen: Flurschutz, freie Spitzen, Essensbefehl

„Am Montag den 21. (Juli 1947) gab es im Gasthaus Dölzschen eine nicht sonderlich gut besuchte Versammlung der Blockparteien zum Thema Erntesicherung - Flurschutz. Schwere Depressionen aller Redner. Der nackte Hunger, die übermäßige Sterblichkeit überall. Die Diebstähle, das sinnlose Herausreißen und Zertrampeln beim Ährenlesen u. beim zu frühen Einbruch in abgeerntete Felder, „ehe der letzte Wagen fortgerollt ist". Dieses mittelalterliche Bild des Ährenlesens ist mir durchaus geläufig, Leute „besserer Stände" beteiligten sich daran. Dölzschen braucht 200 Freiwillige für Nachtpatrouillen. Man verspricht ihnen bestimmte Belieferung ihrer Kartoffelkarte und 2 Pfd. Hackfrüchte douceur für jeden nächtlichen Patrouillengang. Es meldeten sich nachher eine ganze Menge Leute. Victor Klemperer

Ab Oktober 1945 durften die Bauern Überschüsse als „freie Spitzen" auf „freien Märkten" verkaufen. Durch den allgemeinen desolaten Zustand der Landwirtschaft kamen jedoch nur Saisonerträge und nicht lagerfähige Waren in geringen Mengen auf den freien Markt.
Um dringend benötigte Lebensmittel für hungernde Arbeiter in den Betrieben zu beschaffen, griff man nach der Devise „eine Hand wäscht die andere" zu Kompensationsgeschäften. Was in den Betrieben produziert und auf dem Lande dringend gebraucht wurde, wie Dünger, Metallwaren und Ersatzteile für Maschinen, ließ sich gegen Lebensmittel eintauschen, die unter der Belegschaft verteilt oder den Betriebsküchen übergeben wurden. Ab 1947 gerieten die Betriebsräte, die diese Geschäfte meist in fürsorglicher Absicht organisiert hatten, mit der SED in Konflikt, die eine steuerbare zentralistische Politik durchsetzen wollte.
Eine grundlegende Veränderung auf dem Ernährungssektor brachte im Oktober 1947 der Befehl Nr. 234 der sowjetischen Militärverwaltung zu *„Maßnahmen zur Steigerung der Arbeitsproduktivität und weiteren Verbesserung der Ernährung von Arbeitern und Angestellten"*. Es gab nun zusätzlich eine warme Mahlzeit im Betrieb.

Als Kehrseite der von vielen Arbeitern als „Essensbefehl“ aufgefaßten Order entpuppten sich jedoch die „Maßnahmen zur Steigerung der Arbeitsproduktivität“, wie Wiedereinführung des Leistungslohnes und des Akkordsystems.

Die politischen Entwicklungen hin zu einem sozialistischen Staat waren für viele Bewohner unklar. Die im September 1945 von der sowjetischen Besatzungsmacht verfügte entschädigungslose Enteignung der Großgüter („Junkerland in Bauernhand“) führte zu einer radikalen Veränderung der landwirtschaftlichen Produktion. Die zunächst von Flüchtlingen und Kleinbauern begrüßte Aktion, die sie zu „Neubauern“ machte, führte bald zu herben Enttäuschungen. Es fehlten Geräte, Tiere, Saatgut, und die Hoffnung auf den Neubau von Wohnhäusern und Scheunen verflog rasch. Unter diesen Bedingungen, zusätzlich belastet durch rigorose Eintreibung des Ablieferungssolls, produzierten die Neubauern zwangsläufig nur für den Bedarf der eigenen Familie und nicht für den Markt. Viele Neubauern gaben, entmutigt durch vielfältige Rückschläge, ihre Hofstellen wieder auf.

Die 1952 begonnene und bis Frühjahr 1960 mit massivem Einsatz von Zwangsmitteln aller Art durchgesetzte Kollektivierung der Landwirtschaft wirkte sich permanent negativ auf die Versorgung der Bevölkerung mit Lebensmitteln aus. Die Frustration der Bauern und Landarbeiter führte in steigendem Maße zur Abwanderung in den „Westen“.

Volksstimme, 12. Januar 1946

Freier Markt in Schönfeld
Kartoffelsalat reichte nicht

Am Sonnabend fand auf dem Marktplatz in Schönfeld der erste freie Markt statt (...). Es waren zirka 250 Personen anwesend, welche bei dem Kauf von Roggen, Kartoffeln, Milch und Butter sowie fertigem Kartoffelsalat auf ihre Kosten kommen konnten, wenn sich jeder der Käufer mit einer der Waren zufriedengegeben hätte (...).

ZEICHNUNG VON HERMANN WILKE

„Die bilden sich aber was ein — nur weil sie als freie Spitzen in die Stadt gehen dürfen.“

Für Dich 18/86, Mai 1946

Die erste Friedensmesse

Mit einem Befehl des Obersten Chefs der Sowjetischen Militärverwaltung in Deutschland begann es: Ab sofort sind alljährlich wieder die Leipziger Messen durchzuführen. Die erste wird in der Zeit vom 8. bis 12. Mai 1946 abgehalten. Mit großem Aufwand wurden vier Hallen auf dem Messegelände und fünf Häuser der Innenstadt notdürftig dafür hergerichtet. Knapp 3 000 Aussteller hatten sich angemeldet, auf 26 355 m² Fläche breiteten sie ihre Waren aus, kaum zehn Quadratmeter maßen die Kojen. Das Angebot war zeitgemäß: Trockengemüse, Dachpappe, Holzschuhe. Die Rostocker Ölmühlen stellten entbitterten Ölkuchen zur Herstellung von Fleischbrühen vor. Eine Ziegelputzmaschine wurde stark beachtet, ebenso der Kleinherd „Jockeli", der für eine Mittagsmahlzeit lediglich anderthalb bis zwei Briketts verbrauchte. Übrigens: Die Gastfreundschaft der Leipziger bewies sich auch in dieser schweren Zeit – 25 000 Betten stellten sie für die Messegäste bereit. Vielleicht auch mit einem kleinen Seitenblick auf die Extrarationen Malzkaffee und Seifenpulver, die sie dafür vom Messeamt erhielten.

Zeichen der Hoffnung – die Leipziger Messe

„Aha. MM Matthäus Müller! Nun gibt's bald wieder Sekt!"

Die Messe wurde exakt ein Jahr nach der Kapitulation am 8. Mai 1946 feierlich im Neuen Schauspielhaus als *„Zeichen des Neubeginns wie des Eingedenkseins von Schuld und Sühne"* eröffnet. Gäste des Festaktes waren der Oberkommandierende der sowjetischen Besatzungstruppen Marschall Sokolowskij und der amerikanische General Lucius D. Clay, ferner Wilhelm Pieck, Otto Grotewohl und Walter Ulbricht.
Im Filmtheater Capitol dirigierte Sergiu Celibidache die Berliner Philharmoniker, und im Tivoli spielte die Tanzkapelle Kurt Henkels.
Die mit großer Euphorie betriebenen Vorbereitungen erwiesen sich als äußerst kompliziert und schwierig. Die Messeveranstalter waren auf die Zuteilung von Lebensmitteln, Treibstoff, Transportkapazitäten und Regelung des Interzonenverkehrs *„durch russische Stellen"* angewiesen, um *„aus der Westzone Aussteller und Besucher sowie Ausstellungsgut in nennenswertem Umfang nach Leipzig zu bringen"*. Materiallieferungen kollidierten häufig mit den bereits vollzogenen Demontagen der Groß- und Mittelbetriebe Sachsens.
Jeder Besucher von außerhalb war an strenge Vorschriften gebunden, ein „Messeausweis" berechtigte zum Bezug der Sonderzugfahrkarte und des Quartierscheins. Der Messeausweis war dem Ernährungsamt des

Heimatortes vorzulegen und berechtigte zum Empfang von Reisemarken im Umtausch gegen die gültigen Lebensmittelmarken. Reisemarken konnten gegen Essensmarken getauscht werden, die für je ein Mittag- sowie ein Abend- „Hausgericht" an drei Messetagen in den als „Messeverpflegungsstätten" bezeichneten Gastwirtschaften eingelöst wurden.
Die Marke Nr. 7 etwa war ein Gutschein über 25 Gramm Kaffee-Ersatz. Auf dem Abschnitt war vermerkt: *„Diesen Gutschein schneidet der Leipziger Quartiergeber als Gegenleistung für drei Tage Frühstückskaffee ab."*
Die Speisekarten für die ausländischen Gäste sind unbekannt, aber es gab etwas zu rauchen. Wer in den Genuß von Zigaretten kam, bestimmte die Besatzungsmacht: Auf Befehl der Sowjets erhielten Ausländer, die in Hotels wohnten, täglich eine Schachtel Zigaretten für die Dauer der Messe.
Eine stolze Bilanz wurde gezogen: 2771 Aussteller, 172 000 Besucher, davon rund 12 500 aus den Westzonen, Westberlin und dem kapitalistischen Ausland.
Die Leipziger Messe wurde auch für die folgenden Jahre ein Gradmesser für die bessere Versorgung mit Lebensmitteln und zum Symbol des Wiederaufbaus. Stolz konnte von der Frühjahrsmesse 1948 berichtet werden: Am Stand Bulgariens wurden präsentiert: Früchte, Gemüse, Weintrauben, Weine, Schnäpse, gesüßte alkoholische Getränke, Fruchtsäfte, Gelees, Konfitüren, Marmeladen, Fruchtpulpen, Tomatenmark, Walnüsse, Haselnüsse, Mandeln, Backpflaumen, Tabak, Getreide, Hülsenfrüchte, Pflanzenöle, Ölkuchen, Fleisch- und Fleischerzeugnisse, Rinder, Schweine, Eier, lebendiges und geschlachtetes Geflügel.

Kochen und Heizen mit 3 Briketts.

Die knappen Zuteilungen Kohlen in den vergangenen Wintern haben uns gelehrt, wie wir am sparsamstem unser Zimmer heizen und dabei gleich kochen können. Um das Ergebnis vorweg zu nehmen: Bei einer Außentemperatur bis zu null Grad heizen wir jetzt unser 12 qm großes Zimmer mit nur 3 Briketts und kochen dabei gleichzeitig 6 Liter Eintopfessen oder backen einen Kuchen von 1 Pfund Mehl! Mit der Nachwärme wird das Wasser der 4 Liter fassenden Wärmeflasche auf etwa 50 Grad gebracht. In ein doppeltes Moltontuch gepackt, wärmt sie Bett und Mensch angenehm für eine ganze Nacht, und am Morgen ist ihr Wasser lauwarm verwendbar zum Zähneputzen der ganzen Familie, zum Rasieren für den Vater und zum Waschen für das Jüngste. Die Wärmeentwicklung von 3 Briketts wurde auf diese Weise bis zum Letztmöglichen der Wirkung gebracht. Sinkt die Außentemperatur unter null Grad, werden je nach Stärke des Frostes nach 4-5 Stunden 2-3 Briketts nachgelegt, die nochmals 6 Liter Essen garen und das Ausnutzen der Wärme für andere Zwecke erlauben.

Kältewinter und Dürreschäden: die Jahre 1947/48

„Im Jahre 1947 hatten die SED und die neuen Staatsorgane eine schwere Bewährungsprobe zu bestehen. Sehr ungünstige Witterungsbedingungen vergrößerten die Schwierigkeiten der Nachkriegszeit. Einem unsagbar harten Winter folgte ein langer heißer Sommer, der schwere Dürreschäden anrichtete. Die Produktion stagnierte in vielen Betrieben, und die Versorgung der Bevölkerung mit den notwendigsten Bedarfsgütern konnte oft nicht gesichert werden. Krankheiten breiteten sich aus, und die Kindersterblichkeit war erschreckend hoch. Arbeitsdisziplin und -moral vieler Werktätiger erreichten einen Tiefstand. Leipziger Kulinarien

Betriebe mußten wegen fehlender Brennstoffe ihre Arbeit einstellen. Schulen schlossen, weil auch bei strengem Frost nicht geheizt wurde. Wasserleitungen und Toiletten froren ein. Mütter ließen ihre Kinder auch tagsüber im Bett, um sie nicht unnötig durch Hunger und Kälte zu schwächen. In den Krankenhäusern mußten Erfrierungen an Händen und Füßen behandelt werden.

Die Leipziger Gaswerke gaben am 7. Februar 1948 die Einstellung der Gasversorgung für die Bevölkerung bekannt. Tausende mußten ohne warmes Essen, ja ohne einen Schluck heißen Malzkaffee zur Arbeit gehen. In Wärmestuben und Volksgaststätten versammelten sich vor allem alte Menschen. Die Zahl der Kältetoten ist nicht bekannt.

Die Vorräte an Lebensmitteln gingen zu Ende. Eingelagerte Kartoffeln erfroren, in Tageszeitungen gab es Hinweise, wie die Knollen, die süßlich schmeckten und wenig Nährwert hatten, dennoch verwertet werden konnten. Gläser mit eingewecktem Obst und Gemüse platzten vor Kälte. Hunger und Verzweiflung trieben die Menschen in die Hände von Schwarzhändlern und Schiebern.

„In dem kalten Winter versetzte meine Mutter zunächst ihren goldenen Ehering, dann die Eisenbahnertaschenuhr meines Großvaters, die alle Plünderungen überstanden hatte. Wir erhielten mehrere Säcke Braunkohlen und einige Rüben. Während wir uns um den Kanonenofen scharten, heulten wir wie die Schloßhunde. Erika K., Görlitz

Brennholz sammelndes Mädchen

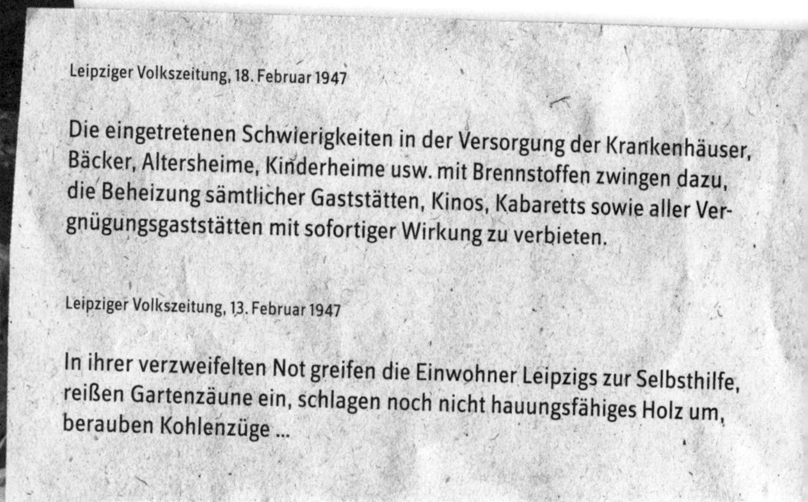

Leipziger Volkszeitung, 18. Februar 1947

Die eingetretenen Schwierigkeiten in der Versorgung der Krankenhäuser, Bäcker, Altersheime, Kinderheime usw. mit Brennstoffen zwingen dazu, die Beheizung sämtlicher Gaststätten, Kinos, Kabaretts sowie aller Vergnügungsgaststätten mit sofortiger Wirkung zu verbieten.

Leipziger Volkszeitung, 13. Februar 1947

In ihrer verzweifelten Not greifen die Einwohner Leipzigs zur Selbsthilfe, reißen Gartenzäune ein, schlagen noch nicht hauungsfähiges Holz um, berauben Kohlenzüge ...

Überlebenshilfen

Plündern und Tauschen

„In Leutzsch bei Leipzig wurden Silos geplündert. Ich ging hin, es herrschte das blanke Chaos. Die Leute stiegen wirklich in einem Brei von Marmelade, Honig und anderem herum. Was es gab, war heruntergeworfen, aufgeplatzt und aufgerissen. Ich lud auf einen Handwagen große Platten. Sie waren sehr dick und sahen gelblich aus. Später stellte sich heraus, die Tafeln waren aus Wachs. Während der Stromsperren erwiesen sie sich als wahrer Schatz. Der Kerzelmacher an der Angerbrücke gegenüber vom Straßenbahndepot sagte zu mir: „Du kannst mit dem Wachs sowieso nichts anfangen. Für mich ist es die Grundlage meiner Arbeit." Kerzen standen damals hoch im Kurs. Die wurden nicht gekauft, sondern vertauscht. Das Tauschgeschäft mit dem Kerzelmacher hat uns über vieles hinweggebracht. Ahbe/Hofmann

Die »Centrale Sanitaire Suisse« wurde erstmalig in der gesamten Weltöffentlichkeit während des spanischen Bürgerkrieges durch die Unterstützung der antifaschistischen Spanienkämpfer bekannt. – Mit Genehmigung der SMA. vermittelt die CSS. individuelle Liebesgabensendungen. Die durch Ausschaltung privater Vermittlungsprofite anfallende Freiware kommt in erster Linie anerkannten Opfern des Faschismus zugute.

Wenn Ihnen Freunde und Bekannte aus dem Auslande Liebesgaben schicken wollen, bitten wir Sie, diese zu veranlassen, Soli-Warengutscheine zu erwerben und Ihnen zu schicken. Die Soli-Warengutscheine können in den Bezirks-Verteilungsstellen der Volkssolidarität eingelöst und im Ausland bezogen werden bei:

Centrale Sanitaire Suisse, Zürich, Volkmarstraße 11, Postscheckkonto Zürich VIII 5272;

249 West, 34th Street, New York I, N.Y.

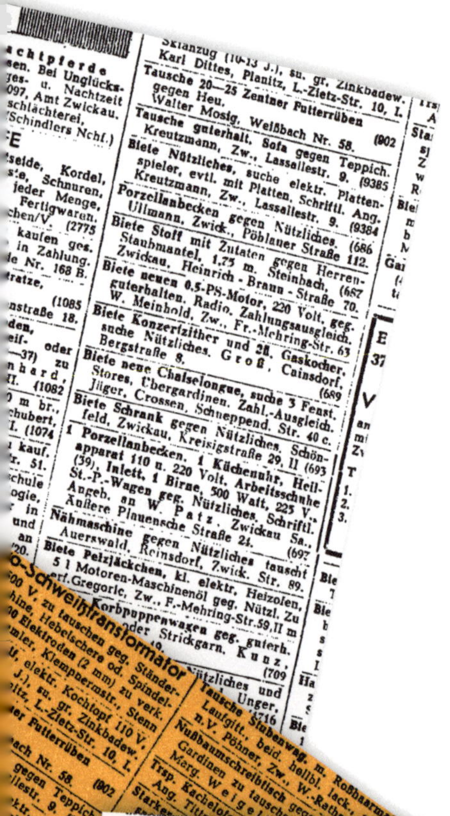

„Meine Tante war sehr geschickt im Nähen. Aus dunklen Stoffen konnte sie schnell sogenannte „Trainingshosen“ herstellen, die oben und an den Füßen mit Gummizug versehen waren. Die Mädchen trugen diese Hosen bei kaltem Wetter unter dem Rock; nur in Hosen zu gehen, war damals noch lange nicht üblich. Ein Ballen dunkelblauen Stoffes, außen etwas glänzend und innen „angerauht“, wurde zu flotten Hosen verarbeitet und gegen Lebensmittel eingetauscht. Eine Nachbarin konnte besonders gut Fingerhandschuhe mit Norwegermuster stricken. Dazu wurden alte Säcke gewaschen, die Fäden aufgetrennt und die Muster mit rotem und blauem Perlgarn eingestrickt. Diese Handschuhe waren sehr beliebt und wurden sogar als Preise für eine Tombola ausgewählt. Für ein paar Handschuhe gab es z.B. einen Korb Äpfel oder ein Glas eingeweckter Kirschen oder Pflaumen. Irene K., Chemnitz

Brautkleid gegen Kinderwagen

Der Tauschhandel blühte. Was der eine hatte und entbehren konnte, ließ sich gegen „Notwendiges“ eintauschen. An Bretterwände wurden Zettel gepinnt und in den Städten entstanden Tauschzentralen.

Angeboten wurden Hochzeitskleider, ein Smoking, Obst und Gemüse, Schallplatten, eine Agfa-Box gegen Fahrradbereifung, Wecktopf und Weckgläser, Brennmaterial und Kinderschuhe.

Später versuchten die Behörden, den Tauschhandel unter staatliche Kontrolle zu bringen.

Hamstern

Sächsische Zeitung, Ausgabe Chemnitz, 6. Mai 1946

1000 Zentner Kartoffeln ...

Nachdem wir jetzt den Winter hinter uns haben, ist manches leichter, aber dennoch gilt es noch Schwierigkeiten zu überwinden, um den Anschluß an die diesjährige Ernte zu gewinnen. Eine der wichtigsten Voraussetzungen ist, daß die geordnete und gerechte Lebensmittelverteilung nicht gestört wird. Wenn im Augenblick nach den gesetzlichen Bestimmungen untersagt ist, daß Privatpersonen bei den Landwirten Kartoffeln ankaufen dürfen, so dienen diese Anordnungen der Sicherung der Ernährung des gesamten Volkes in der Zukunft.
Wie notwendig die strengste Einhaltung dieser Maßnahme ist, zeigen folgende Feststellungen: Kürzlich mußte im Landkreis Döbeln eine Kontrolle der Reisenden durchgeführt werden. Dabei wurden allein auf den Bahnhöfen des Kreises an einem einzigen Tage 1000 Zentner Kartoffeln beschlagnahmt. 1000 Zentner an einem einzigen Tage im Landkreis! In einem Monat sind das 30 000 Zentner. Das in einer Zeit, wo es in vielen Orten an Saatkartoffeln fehlt. Diese 30 000 Zentner Kartoffeln als Saatgut verwendet, würden im Herbst einen Ertrag von ungefähr 300 000 Zentner ergeben – für jeden Chemnitzer Einwohner mehr als einen Zentner.
Es ist selbstverständlich, daß es nicht so weitergehen kann, um so mehr, da die Werktätigen, die pflichtbewußt ihrer geregelten Arbeit nachgehen, keine Zeit haben, aufs Land zu fahren und die alleinigen Leidtragenden der gewissenlosen Handlungen der Schwarzhändler und Schieber sind. Darum mußte zu Kontrollen und zur Beschlagnahmung geschritten werden. Wie der Landrat zu Döbeln mitteilt, werden auch die auf den Bahnhöfen im Landkreis ankommenden Züge kontrolliert und die mitgebrachten Tauschwaren abgenommen.
Darüber hinaus muß aber die Gesamtbevölkerung mithelfen, das Unwesen der Hamsterfahrten zu unterbinden, denn es geht um die Sicherung unserer Ernährung.

Als Mädel hatte ich nicht allzu viel Kraft. Ich weiß heute noch, wir mußten (beim Hamstern) weit laufen. Es ging über mehrere Dörfer. Ich schleppte mich mit den Koffern von Baum zu Baum und dachte immer: „Jetzt der nächste Baum, jetzt der nächste, noch einer", bis ich dann unten am Bahnhof war.

Ahbe/Hofmann

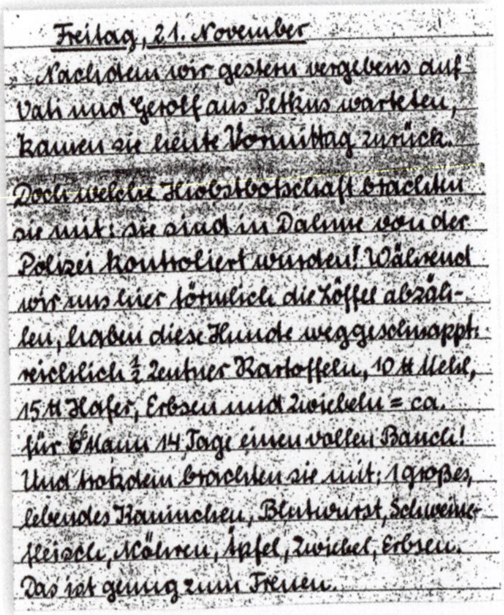

Freitag, 21. November

Nachdem wir gestern vergebens auf Vati und Gerolf aus Petkus warteten, kamen sie heute Vormittag zurück. Doch welche Hiobsbotschaft brachten sie mit: sie sind in Dahme von der Polizei kontroliert worden! Während wir uns hier förmlich die Löffel abzählten, haben diese Hunde weggeschnappt: reichlich ½ Zentner Kartoffeln, 10 Pfd Mehl, 15 Pfd Hafer, Erbsen und Zwiebeln = ca. für 6 Mann 14 Tage einen vollen Bauch! Und trotzdem brachten sie mit: 1 großes, lebendes Kaninchen, Blutwurst, Schweinefleisch, Möhren, Äpfel, Zwiebel, Erbsen. Das ist genug zum Freuen.

Wir zogen auch zum Hamstern und Ährenlesen über Land. Mein kleiner Bruder konnte nicht viel schleppen, aber meine Mutter hielt ihn an, er solle möglichst lange Strohhalme sammeln und mit nach Hause nehmen. Diese Halme wurden eingeweicht und im feuchten Zustand zu kleinen Zöpfen geflochten. Mit einigem Geschick konnte man diese Zöpfe zu einer Schuhsohle zusammenfügen. Diese Sohlen wurden an gestrickte Socken genäht und hielten im Winter wunderbar warm. Käthe Fuchs, Leipzig

Ich ging mit meiner Mutter „hamstern", um ein paar Wertsachen gegen Lebensmittel einzutauschen. Meine Mutter hat aber diese Touren immer so für mich wie einen Ausflug gestaltet. Es wurde unterwegs gesungen und kleine Spielchen gemacht, damit ich die Notlage nicht so sehr mitbekam.

Renate Brix, Leipzig

Polizeikontrolle

Ein 13jähriger Junge schreibt in sein Tagebuch über eine Begebenheit, die typisch für die Nachkriegszeit war. Nach tagelangen Fußmärschen von Ort zu Ort geriet man am Bahnhof in eine Polizeikontrolle, die ein Großteil der Lebensmittel beschlagnahmte. Der letzte Satz in der Eintragung stimmt jedoch wieder positiv: Der Rest, der heimgebracht wurde, „ist genug zum Freuen" (Abb. links).

Volkssolidarität

Um die größte Not zu lindern, wurde im November 1945 die Aktion „Volkssolidarität gegen Wintersnot" gegründet, um Schulspeisung, Volksküchen und Kinderspeisung zu organisieren. In zahlreichen Zeitungsaufrufen wurde für solidarisches Handeln geworben: von der Sammlung von Sonnenblumenkernen zur Ölgewinnung für die zusätzliche Kinderspeisung bis zu Hilferufen, Kochtöpfe für die Volksgaststätten zu spenden.
Die Volkssolidarität verstand sich, wie immer wieder betont wurde, nicht als karitative Hilfsgemeinschaft, sondern sah in ihrer Zielsetzung eine „Änderung des Bewußtseins der Menschen" in der sozialistischen Gemeinschaft.

Beinahe hätten Sie mich übersehen!

Neben der Wichtigkeit Ihrer Lebensmittelkarte ist ja so ein kleines Zettelchen auch zur Bedeutungslosigkeit verurteilt. Ich will auch nicht aufbegehren über Ihre stiefmütterliche Behandlung und bin Ihnen gern noch als Fidibus von Nutzen, wenn Sie sich meinen Text eingeprägt haben und danach handeln.

Nicht klagen - helfen!

Denken Sie an die Not der Alten, Bedürftigen, Umsiedler, Heimkehrer und elternlosen Kinder. Irgendein altes Kleidungsstück, Hausrat oder Möbel können auch Sie noch spenden, wenn Sie guten Willens sind. Geben Sie es dem Helfer der VOLKSSOLIDARITÄT mit, wenn er in der Adventszeit bei Ihnen vorspricht. Es ist nichts zu gering, daß es nicht doch noch Verwendung finden könnte.

VOLKSSOLIDARITÄT / KREISAUSSCHUSS LEIPZIG

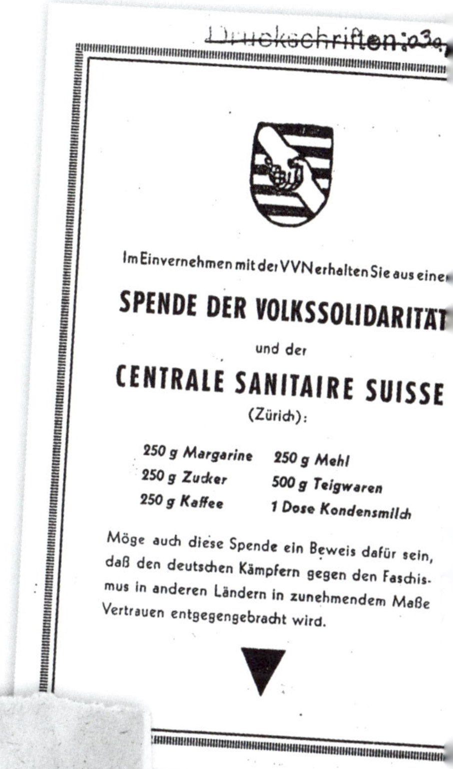

Im Einvernehmen mit der VVN erhalten Sie aus einer

SPENDE DER VOLKSSOLIDARITÄT

und der

CENTRALE SANITAIRE SUISSE

(Zürich):

250 g Margarine	250 g Mehl
250 g Zucker	500 g Teigwaren
250 g Kaffee	1 Dose Kondensmilch

Möge auch diese Spende ein Beweis dafür sein, daß den deutschen Kämpfern gegen den Faschismus in anderen Ländern in zunehmendem Maße Vertrauen entgegengebracht wird.

Stadtarchiv Leipzig ZGS 1945 - 1990 Nr. 546

Aktion Volkssolidarität gegen Wintersnot 1945/46

Für das Heranschaffen der notwendigsten Lebensmittel fehlt es (in Leipzig) an ausreichenden Motor-Transportfahrzeugen, weshalb auch für längere Strecken bis zum Skelett abgemagerte Pferde mit eingesetzt werden mußten.

Leipziger Volkszeitung, 18. Oktober 1946

Die Leipziger Volksküchen

Ein Wunsch vieler wird erfüllt durch die Einrichtung der Volksküchen. Welche Sorge wird ihnen durch die Tatsache abgenommen: Ein vollwertiges warmes Essen kann in geheizten Räumen, sei es in Gaststätten oder Wärmehallen, eingenommen werden. In enger Zusammenarbeit der SED mit der Volkssolidarität, dem Sozialamt und dem Kommunalen Frauenausschuß wird die Organisation der Volksküchen durchgeführt. (...) Sechsmal in der Woche gibt es warmes Volksküchen-Mittagessen. Gegen Markenabgabe von 150 g Brot, 50 g Nährmittel, 20 g Fett, 50 g Fleisch und 1 500 g Kartoffeln kann eine Wochenkarte für sechs Mittagessen zu je 1 Liter erworben werden. Der Preis für eine Wochenkarte beträgt 3 RM.
Erfreulich ist, daß Hilfsbedürftige mit einem Monatseinkommen unter 90 RM das Essen verbilligt und zwar zum Preise von 1,80 RM je Woche erhalten können.

Schulspeisung und Brötchenbefehl

„Besondere Aufmerksamkeit galt der Versorgung der Kinder, um ihnen wenigstens im Rahmen des Möglichen eine bescheidene Ernährung regelmäßig zu sichern. Deshalb wurden bereits mit der Eröffnung der Schulen im Oktober 1945 Anstrengungen unternommen, um eine Schulspeisung in Gang zu setzen. Diese Bemühungen waren erfolgreich. Alle Kinder erhielten an allen Schultagen zusätzlich eine warme Mahlzeit. Das waren immerhin 60 000 Portionen täglich, die unter den sehr komplizierten Bedingungen ohne Abgabe von Lebensmittelmarken für einen Unkostenbeitrag von 30 Pf je Mahlzeit bereitgestellt wurden. Allerdings waren die Essenseinnahmebedingungen sehr primitiv. Ungeheizte Klassenräume oder Gänge in den Schulen wurden dafür genutzt. Aber das störte keinen, wichtiger war, etwas Warmes zu essen zu bekommen. Leipziger Kulinarien

„Ab 1946 gab es dann die Schulspeisung. Die Kinder mußten einen Eßnapf, ein Kochgeschirr oder einen Becher mitbringen, die bei Schulbeginn aufs Fensterbrett gestellt wurden. In der großen Pause wurde dann aus großen Kübeln die Schulspeisung ausgeteilt. Manchmal schmeckte das Essen gut,

meistens schlecht. Sehr beliebt waren Schokoladen- oder Milchsuppen, die oft mit einem Brötchen gereicht wurden. Sehr häufig gab es eine erbsensuppenartige Masse, die die Kinder „Froscheier" nannten und die an in Tümpeln vorhandenen Froschlaich erinnerte. Max K., Dresden

» Mein Bruder, 10 Jahre alt, war so dünn, daß er für die Quäkerspeisung ausgesucht wurde. Erika Tottewitz, Leipzig

» Bei der Schulspeisung gab es Kohlrübeneintopf, Graupensuppe („Kälberzähne") oder süß-saure „Flecken" (Euter). Am besten schmeckte Milchreis mit Zucker und Zimt. Christa Weisbach, Leipzig

» Es war aber nicht möglich, diese Schulspeisung auch das ganze Jahr über in dieser Form durchzuführen. Deshalb war der Befehl Nr. 268 des Chefs der Sowjetischen Militäradministration in Deutschland vom 9. September 1946 von besonderer Bedeutung. Dieser als „Brötchenbefehl" in die Geschichte eingegangene Befehl wies an, daß ab 16. September 1946 allen Schulkindern in den Schulen täglich ein Brötchen und eine Tasse (Malz-)Kaffee zu geben ist. Diese Regelung galt für die gesamte sowjetische Besatzungszone.
Leipziger Kulinarien

» Als Schulspeisung gab es 1948 ein 100-Gramm-Roggenbrötchen. Neben mir auf der Schulbank saß Werner H., ein Sohn eines Bäckers. Er gab mir jeweils sein Brötchen. Dafür bin ich ihm noch heute dankbar! Richard Tiefenbach, Leipzig

Volksstimme, 22. Januar 1946

Hoffnung auf kräftige Schulspeisung

62 500 Leipziger Schulkinder erhalten täglich eine warme Mahlzeit. Es wird dafür gesorgt, daß in Zukunft die Mahlzeiten kräftig und abwechslungsreich zubereitet werden.

Volksstimme, 8. Februar 1946

Die Leipziger Schulspeisung

Neuerdings konnte die Zuteilung für die Speisung wesentlich verbessert werden. Es gibt Mehl zum Binden, Zucker zum Süßen, ja sogar, wenn auch nicht in übermäßiger Menge – Butter zum Anreichern des Essens.

Auslandspakete

Spenden aus westeuropäischen Ländern helfen da und dort, die Not etwas zu lindern. So empfing der Kreisausschuß für Volkssolidarität (in Plauen) vom Internationalen Roten Kreuz im Dezember 1946 80 Wolldecken und 1203 Kilogramm Zucker aus Irland. Die Decken wurden auf Kinderheime (...) aufgeteilt, den Zucker erhielten werdende Mütter in Plauen und Reichenbach. Weitere Lebensmittelspenden (...) kamen 4500 Kindern im Kreis zugute, die 13 Wochen lang täglich eine warme Mahlzeit erhalten konnten. Andreas Krone

Zu Weihnachten bekamen wir, unser Onkel lebte in Amerika, die sogenannten CARE-Päckchen. Sie erhielten große Büchsen mit Fett, die eingeschweißt waren, und Mehl und Zucker, Lebensmittel zum Backen. Ahbe/Hofmann

(18.10.1946) Vormittag von der CDU ein paquet de donation geholt, das ein Schweizer Hilfskomitee den Faschismusopfern spendet, Richter von der Bekenntniskirche (...) machte mich neulich beim Russenchor darauf aufmerksam. Bisschen peinlich, wo ich doch aus der Kirche ausgetreten bin. Das Packet enthält eine Unmenge Käse, eine große Hartwurst u. zwei Konservenbüchsen Schinken u. Butter.

(26.1.1947) Allerhand Briefe und Brieferledigung. (...) Ich schrieb an Schenker & Co in Lübeck, das Packet aus Stockholm monierend. Die unerfüllte Sehnsucht nach Auslandspacketen.

(11.3.1947) Steiniger besuchte uns u. zeigte mir einen gedruckten (also an sehr viele Leute geschickten) Brief eines Hamburger Spediteurs. Hauptinhalt: Zu unserem Bedauern ist Ihr Stockholmer Packet N6 ... geraubt worden. Unser Lagerraum ist bewacht, aber „gegen vielköpfige pistolenbewaffnete Banden sind wir machtlos“.

„(3.4.1947) Clou des Tages: Am späteren Abend ganz unvermutet ein Russen-Osterpacket durch Chauffeur gebracht. Reichlich Butter, weißes Mehl, Heringe, Kartoffeln. Fleischconserve, Zucker, Marmelade, Sülze, 100 Zigaretten. - Wir freuten uns wie die Kinder. Victor Klemperer

„Wir waren 4 Kinder im Alter von 8 bis 13 Jahren und hatten das Glück, daß wir mit Kleidung und Lebensmitteln von Verwandten aus Schweden und USA unterstützt wurden. Richard Tiefenbach, Leipzig

Die Sowjetunion half 1948 mit Lebensmitteln, so mit der Lieferung von 4 000 Tonnen Getreide und 800 Tonnen Speiseöl nach Leipzig. Die Hilfssendungen gingen nicht in das alltägliche Verteilungssystem ein, sondern wurden als Sonderzuteilungen vergeben. So erhielt im Sommer 1948 jeder Leipziger Bürger „dank der sowjetischen Getreidelieferungen" ein halbes Kilogramm Gerstenmehl oder Graupen. Die Lieferungen aus der Sowjetunion wurden von den Bewohnern als großzügige Geste verstanden, waren aber auf den Gesamtbedarf der Stadt bezogen unbedeutend.
Als Anerkennung volkswirtschaftlicher und gesellschaftlicher Aufbauarbeit wurden an Funktionsträger, bedeutende Wissenschaftler und Künstler von den sowjetischen Behörden Lebensmittelpakete, „Pajoks" oder „Stalin-Pakete" genannt, verteilt.

Prominente und Privilegien

Heinz Rühmann

Ich kam 1945 aus der Gefangenschaft. (...) 1946 traten Heinz Rühmann und Hertha Feiler in Leipzig auf. Rühmann kam mit seiner Frau in einem roten BMW angefahren, einem knallroten Cabrio. Darüber staunten wir nur. „Der Mustergatte" wurde gespielt. Ahbe/Hofmann

Dem bekannten Schauspieler Heinz Rühmann hatten die Amerikaner wegen seiner aktiven künstlerischen Tätigkeit in der NS-Zeit zunächst verboten, im Filmgeschäft mitzuwirken, deshalb tingelte er mit einer Theatergruppe durch die sowjetische Besatzungszone, bevor er 1947 eine eigene Filmgesellschaft gründete.

In Aussicht genommen sind 14 Abend-Vorstellungen und 1 Sonntag-Nachmittag-Vorstellung (in der Zeit vom 21. Juli bis 5. August 1946). Vereinbart wurde ein Tageshonorar von RM 2 800,- . Außerdem haben wir zu zahlen an den Verlag des Stückes „Der Mustergatte" eine Tantieme von 10 % der Einnahmen sowie freie Kost und Unterkunft. Außerdem 200 Liter Benzin und 10 Liter Öl. (...)

Die Beköstigung wird in folgender Weise gewünscht: Frühstück, Mittagessen, Imbiss vor der Vorstellung, Abendessen nach der Vorstellung.
Aktennotiz des Leipziger Bürgermeisters Sachse vom 17. Juni 1946

Aber selbst bei großzügiger Bezahlung knurrte am Frühstückstisch der Magen der prominenten Truppe.
Am 23. Juli 1946 schreibt Bürgermeister Sachse an den Direktor des Städtischen Schauspielhauses Leipzig: *Die am Rühmann-Gastspiel Beteiligten werden zum Frühstück nicht satt. Ich bitte deshalb zu erwägen, ob für das Frühstück noch zugeteilt werden können*
1. pro Mann weitere 3 Scheiben Brot,
2. die für diese Scheiben Brot notwendige Marmelade.
Ursula Oehme

Rühmann erinnert sich in seinen Memoiren auch an einen „Großbauern", der die Schauspielertruppe mit Fleisch, Butter und Eiern gut versorgte und sich als Gegenleistung eine kleine Privatvorstellung in seinem Hause erbat, bei der die Frau des Hauses als Schauspielerin debütieren sollte. Die „Gage" für diesen ungewöhnlichen Theaterabend war ein vollgepackter Lastwagen für das gesamte Ensemble mit Kartoffeln, Obst, Wurst und Konserven, einigen Schinken und in einem Verschlag eine Milchziege für den dreijährigen Sohn Peter.

Auch Victor Klemperer genoß die Privilegien der Prominenz:

Victor Klemperer

» Einladung u. a. mit Johannes R. Becher, April 1946
(20. April 1946) Danach, etwa 1/2 10 in mehreren Autos zum Weißen Hirsch. Das Gästehaus schien mir eine Villa auf einer tieferen Geländestufe irgendwo beim Luisenhof. Vorsaal, Garderobe, Eßzimmer, elegant gedeckter Tisch, Kellnerbedienung. Das Essen sehr zeitgemäß: eine Suppe, Möhren, Nudeln, Kartoffeln, Fleischsauce, ein süßer Flammeri. Kein Rauchzeug. Aber sehr guter Rotwein u. dann sehr guter Sekt. Ein ganz ungewöhnlicher Genuß.

» (28. August 1946) Im letzten Augenblick erfuhr ich von einer Russeneinladung für die Spitzenprominenz (...). Schloß Wachwitz, eine fürstliche Villa 1938 für einen Prinzen Heinrich erbaut. (...) Man stand lange auf der Terrasse hinter dem Haus u. hatte prachtvollen Blick auf Elbe u. Stadt u. Bergzug dahinter; die Zerstörung machte sich nicht bemerkbar. Endlich, es war wohl schon 9 h, zum Essen hineingerufen. Großer Tisch in einem Hauptzimmer. Kleine Tische in einem stattlichen Nebenraum. (...) Der Tisch mit Vorspeisen – Caviar, Fischchen, Eier, Wurst, Tomaten gedeckt, reichlichste Butter, weißes Brot unbeschränkt. Ein Paradies.

» Geschenke zum 65. Geburtstag
(9. Oktober 1946) Sehr hübsch war der Glückwunsch der SMA, überbracht durch Oberleutnant Kotschikow. (...) Ich redete mit ihm über den Nazismus, der in der Jugend hafte. Er: bei uns in Deutschland scheine das Alter fortschrittlicher als die Jugend. Ich: das habe natürlichsten Grund. Am Anfang

des Gespräches hatte er (...) Glückwünsche der SMA überbracht. Am Schluß sagte ich ihm feierlich: ich halte von ganzem Herzen u. mit Dankbarkeit zu Sowjetrußland. - Dann ließ er durch seinen Chauffeur hereintragen: 3 Flaschen Alkolat, einen Klotz Rindfleisch 2 1/2 Pfd., eine Monatsration - (provera Germania!), eine große Tüte Zucker, 2 Pfd. Butter u. wohl 10 Pfd. weißes Mehl. - Das ist die bedeutendste Ausbeute des Tages, u. ganze 240 Cigaretten waren noch beim Sowjetgeschenk. Victor Klemperer

Schwarzmarkt und Kriminalität

Die Not ließ in den Städten Orte entstehen, an denen getauscht wurde - meist Ware gegen Ware - oder Verkauf von Waren zu Preisen, die schwindelerregend hoch waren. Vielfach wurden Zigaretten als „Währung" benutzt. Der Schwarze Markt war ein Eldorado für illegale Machenschaften, Diebesgut wurde verhökert, und kriminelle Banden versammelten sich hier. Aber auch der „kleine Mann kaubelte oder gaubelte" (das ist sächsisch und heißt: tauschte) dort, um extremen Notsituationen zu entgehen. Ein paar Silberlöffel gegen ein Päckchen Süßstoff, für ein Brot gab man Schmuck, Bekleidung oder Kunstgegenstände hin.
Getauscht wurde auch Kohle gegen Kartoffeln, wobei bestimmte Tauschsätze festgelegt wurden: 1 Zentner Kartoffeln gegen 15 Zentner Kohle.
Ein Pfund Butter kostete auf dem Schwarzmarkt im April 1947 einen Monatsverdienst eines Facharbeiters, ungefähr 230,- Mark, 1 kg Fleisch zwischen 60 bis 80 Mark, Zucker 70 bis 80 Mark und ein Dreipfundbrot 25 bis 100 Mark.
Offiziell existierten diese Tauschmärkte nicht. Der Zeitungsleser erfuhr meist von der Existenz dieser Märkte, wenn eine Razzia erfolgreich beendet und die Täter festgesetzt wurden.

Volksstimme, 12. Januar 1946

Mehl im Besenschrank

Die Firma Joachim Gaschütz (...) lagerte 75 kg Mehl in der Garage hinter einer ausgehangenen Tür, 45 kg in einem Besenschrank, 2,5 kg Mehl und 2,5 kg Rosinen in einem Berliner Ofen, 25 kg Zucker in einer Wohnstube, Weihnachtsstollen auf dem Boden neben Friedenswaschpulver, Kern- und Rasierseife sowie 50 Paar neuer Schuhe.

„In den Städten waren Schwarzmarkt und Tauschgeschäfte an der Tagesordnung. In Meißen war nicht selten Porzellan das Tauschobjekt. Es wurde weit unter dem heutigen Wert gehandelt und brachte manchem Bauern oder Schieber Jahrzehnte später erheblichen Ertrag ein.
Aus dem Erzgebirge und dem Vogtland kamen Textilwaren auf den schwarzen Markt. Häufig fuhren ganze Lastwagen mit Textilien und Strümpfen vor, um Lebensmittel einzutauschen. Dr. Dieter Panier, Ilmenau

„Unmittelbar nach dem Krieg verkehrten im (Leipziger Lokal) Atrium auch zahlreiche Schieber, kleine und große Ganoven, die hier ihre (...) Geschäfte inszenierten, abwickelten, sich berieten und mancherlei Dinge ausheckten. Ein Ergebnis war der „Garderobenmarder". Unauffällig stellte er bei wertvollen Kleidungsstücken, die an der Garderobe abgegeben wurden, die Nummer der Garderobenmarke fest und holte sich das gute Stück später mit einer gefälschten Marke ab. Leipziger Gastronomie

Leipziger Volkszeitung, 28. Mai 1949

Razzia um Mitternacht

Mitternacht auf dem Hauptbahnhof. Schläfrige Gestalten bevölkern die Bahnsteige. Eben fährt ein Zug ein. Die Reisenden quellen aus den Abteilen heraus und streben, mehr oder weniger schwer bepackt, nach den Sperren. (...)
493 Männer und Frauen müssen sich ausweisen und die Gepäckstücke öffnen (...), nach erfolgter (...) Kontrolle verblieb ihr rechtmäßiges Eigentum uneingeschränkt in ihrem Besitz.
Bei 80 Personen aber wurden Schieberwaren sichergestellt. Herr A. D. (...) versichert vergebens, daß die lumpigen 184 Dosen Fisch, 30 Tafeln Schokolade als bescheidenes Hochzeitsgeschenk gedacht seien.
Sehr mißgestimmt ist Herr F. L. (...), der trotz guter Tarnung mit 6 kg Butter zwischen Hemd und Hose unangenehm auffiel.

Tägliche Rundschau, 3. März 1946

Mit der Verhaftung von rund siebzig Personen in zwei Wochen ist es der Leipziger Kriminalpolizei gelungen, bis an die Quellen des Schwarzhandels heranzukommen. (...)
Der schwarze Markt setzt sich in Leipzig aus drei großen Kreisen zusammen: dem der Einbrecher, dem der Fälscher und dem der Schieber. Alle Altersstufen von 16 Jahren an sind vertreten. (...) Einbrecher, Fälscher und Schieber arbeiten auf Gegenseitigkeit; gegen Umsatz- und Gewinnbeteiligung am „Geschäft" stehen ihnen Lastwagen, Garagen und Lagerräume zur Verfügung.
Der größte Teil der Schieberware stammt aus Einbrüchen. Der 31jährige „Haupteinbrecher" W. verfügte aus dem Erlös seines Diebesgutes über mindestens eine Million Mark. Mehrere junge Burschen stahlen in Leipzig 1 000 Meter Stoff und verdienten daran 200 000 Mark; der Bestohlene jedoch erstattete keine Anzeige, weil er den Uniformstoff als Reichsvermögen hätte abliefern müssen. (...)
Ein Angestellter der Tauchaer Molkerei gab zu, an seiner Arbeitsstelle rund 300 Stück Butter gestohlen und für je 100 Mark verkauft zu haben. (...)
Leider sind Frauen höchst aktiv und in einem Umfang an den Schiebungen beteiligt, wie man es nicht für möglich halten sollte. Da verschob eine Frau, die von der Stadt Fürsorge bezog, in wenigen Wochen 135 Zentner Mehl. Bei ihr allein wurden 51 000 Mark beschlagnahmt.
Die Schieber und das mit ihnen verbündete Heer der Diebe, Hehler, Betrüger und Fälscher gefährden nicht nur jede Auffassung von menschlicher und geschäftlicher Sauberkeit, sie bedrohen gleichzeitig die Ernährung und Bekleidung unserer Kinder und der Bevölkerung, sie bedrohen die Währung und werden so zu politischen Volksschädlingen, gegen die nicht nur die Kriminalpolizei, sondern ganz Leipzig vorgeht.
Hunderte von ausgebombten Familien, Tausende von Flüchtlingen und Umsiedlern würden sich glücklich schätzen, wenn sie wenigstens ein Besteck, eine Schüssel, einen Topf, eine Tasse oder einen Teller ihr eigen nennen würden, während hier eine Hamsterei in unverantwortlichem Ausmaße betrieben worden ist. Die ganze Strenge der Gesetze werden diese Volksschädlinge nun zu spüren bekommen.

Volksstimme, 23. Januar 1948

Hamsterlager in Wurzen ausgehoben

Eine Ortsbesichtigung bei dem Klempnermeister Otto H. in Wurzen führte zur Entdeckung eines Hamsterlagers. 1 241 Kartoffelschäler, 2 031 Tassen, 2 100 Rasierklingen, 2 474 Einkochgläser, 10 310 Gummiringe, 12 000 Wäscheklammern und einige Hundert Siebe, Bestecke, Milchflaschen, Nachtgeschirre, Gasanzünder, Roßhaarbesen, Rasierpinsel, Thermosflaschen (...).

Die Ärmsten der Armen

Kinder, Schüler, Lehrlinge und Studenten

„Meine am 2. Juni 1945 geborene Tochter wog bei der Geburt 3 1/2 Pfund. Ich erhielt jeden Tag einen halben Liter Milch, aber ich konnte ihr diese Nahrung nicht geben, weil die Milch stets sauer war. Der Milchhof, wo die Milch hätte gekühlt werden können, war zerbombt. Stillen konnte ich auch nicht, so mußte ich alle drei Stunden, auch nachts, einen Brei aus Wasser, Gräupchen-Haferflocken oder Reisschleim füttern. Wenn auch alle Nährmittel mehr als knapp waren, ich habe meine Tochter groß gekriegt. Gertraude Mondon, Leipzig

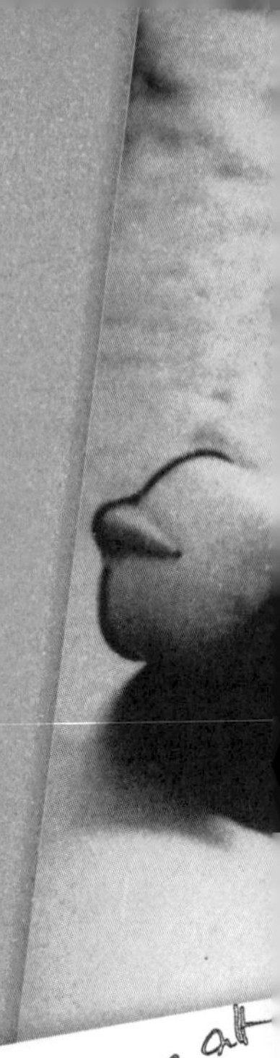

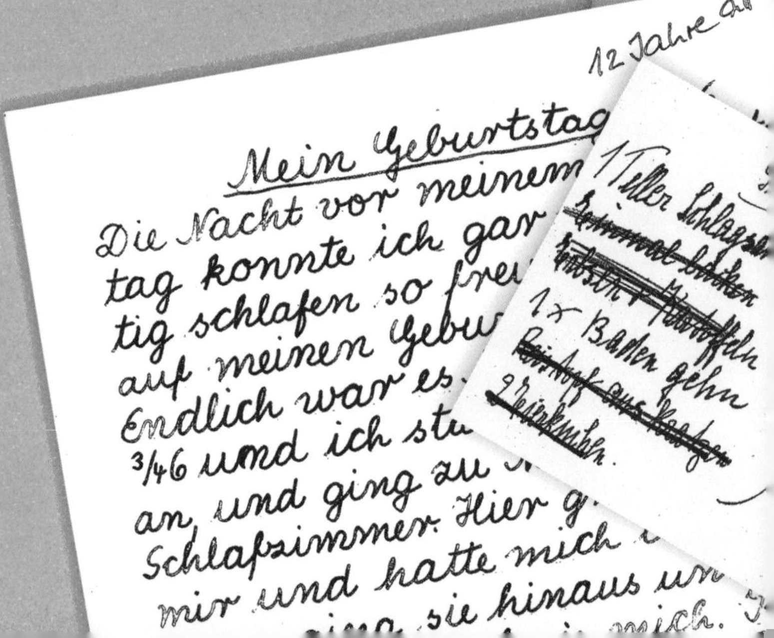

Achtung Flüchtlinge!
8. Juli 1947.

Stadtarchiv Leipzig ZGS 1945-1990, Nr. 543

Bericht von Charlotte Georgi über die Zeit Juni 1945

Wie an vielen Orten Hamsterlager der Nazis entdeckt wurden, so auch in Schleußig bei dem Fleischermeister in der Brockhausstraße.
Mitarbeiter des Antifaschistischen Blockes stellten die dort im Keller versteckten Fette, Talg und andere Lebensmittelvorräte in der Konsumverkaufsstelle Schnorrstraße sicher und beschlossen, dieselben an die Kinder in Schleußig zu verteilen. Wir stritten lange darüber, ob auch die Kinder der Nazis bedacht werden sollten. Aber die Stimmen, die dagegen sprachen, waren in der Mehrzahl, und so wurden die Mütter dieser Kinder abgewiesen. Mir selbst war dabei nicht ganz wohl, denn auch diese Kinder hatten Hunger. Die Bevölkerung selbst aber paßte bei der Verteilung höllisch auf, daß sich keine Nazifrau anstellte.

Die Tagesration für Kinder bis zu 14 Jahren betrug im September 1946: Brot 300 Gramm, Nährmittel 25 Gramm, Zucker 25 Gramm, Fleisch 20 Gramm, Fett 20 Gramm, Marmelade 30 Gramm.

„Mich als Kind hat sehr beeindruckt, mit welchem Überfluß die amerikanischen Truppen zu uns nach Deutschland kamen. Auf unserem Grundstück blieb nach dem Abzug der Amerikaner sehr viel liegen. Lebensmittel, angerissene Packungen mit Keksen, Früchtebrot und Dosen, das durften wir alles einsammeln, daran hinderte uns niemand. Meine Mutter hob es auf, für den Tag, an dem mein Vater aus dem Krieg zurückkommen würde. Deshalb ist mir das so in Erinnerung, denn sie zeigte mir das ab und zu. Die letzten Reste haben wir darum auch erst 1947 verbraucht, als keine Hoffnung mehr bestand, daß mein Vater zurückkehren würde. Ahbe/Hofmann

„Meine Mutter fuhr über die Zonengrenze, um mir zum Schulanfang etwas Süßes für die Zuckertüte zu „organisieren". Dabei wurde sie erwischt und eingesperrt. Nach zwei Tagen „Arbeit", d.h. Kartoffelschälen, durfte sie wieder gehen. Karin Kind, Holzhausen

„Mit meiner Mutti und Oma ging ich (zur Einschulung) in die Schule. Mein Vater war noch vermißt. Es waren fast nur Mütter und Großmütter in der Schule. (...) Den Eltern wurde gesagt, sie sollten bitte keine Zuckertüten an die Schule bringen, da nicht alle Kinder in Leipzig eine bekommen könnten. Die Kinder würden alle auf ihrem Platz eine kleine Tüte vorfinden. Und so war es auch. Ich erinnere mich noch, daß auf meinem Platz eine kleine Tüte lag, aus graurotem Papier wie vom Kaufmannsladen. Darin steckten ein paar Fondants. Die packten wir glücklich in unseren Ranzen. Ahbe/Hofmann

„Große Anstrengungen wurden für den Aufbau einer Kinderspeisung unternommen. So konnte man im März 1949 in den amtlichen Bekanntmachungen lesen, daß es der Volkssolidarität gelungen sei, vom Internationalen Roten Kreuz eine Lebensmittelspende zu erhalten, die es ermöglicht, 1500 bedürftigen Kindern im Landkreis (Leipzig) täglich eine zusätzliche Mahlzeit zu verabreichen. Leipziger Kulinarien

„Zu Ostern 1946 erlebten wir eine angenehme Überraschung. Ein russischer Soldat fragte meine Mutter, ob das Kind Ostereier bekäme und brachte am nächsten Tag eine Packung Hühnereier mit. Monika Neuendorf, Ilmenau

Volksstimme, 23. Januar 1948

Vigantol gegen Rachitis

Säuglinge erhalten Vigantol, um die Kinder von Rachitis zu heilen. 70 % aller Säuglinge in Leipzig haben Ansatz zu Rachitis. Die Ursache liegt in der Ernährung. Es fehlt ein bestimmter Stoff, ein Vitamin, das im Vigantol vorwiegend vorhanden ist.

Stadtarchiv Leipzig ZGS 1945-1990, Nr. 2867

7800 Schulkinder konnte die Stadt Leipzig (1946) mit einer Zuckertüte beschenken. (...) Für je eine Tüte wurden 500 g Obst, 275 g Gebäck und 125 g Süßwaren zur Verfügung gestellt.

Volksstimme, 3. März 1946

Milchkannen abliefern

Der Milchhof bittet uns um folgende Veröffentlichung: Jede Milchkanne bedeutet für die Versorgung der Kinder mit Milch ein kostbares Gut. Tausende von Milchkannen sind durch Kriegseinwirkungen vernichtet worden. Hunderte stehen noch in Kantinen, Gastwirtschaften, Fleischereien, Bäckereien usw., ja selbst in Privathaushalten. Es wird erwartet, daß dieser Hinweis zur Rückgabe der Milchkannen genügt. Sie können entweder im Milchhof oder in jedem Molkereigeschäft abgegeben werden.

„Diesen Gutschein habe ich zu meinem 13. Geburtstag von meiner Mutter erhalten. Zur Erklärung: Die Schlagsahne bestand aus Milch und geriebenen Kartoffeln. „Einmal Backen" bedeutete, daß ich dabei sein durfte und von Streuseln oder Teig naschen konnte. Erbsen und Kartoffeln waren Gerichte, die endlich einmal satt machten. Unter dem Geschenk „Reistopf auskratzen" ist zu verstehen: Jedes der vier Kinder unserer Familie im Alter zwischen 8 und 13 Jahren wollte unbedingt den Topf auskratzen. Als Geburtstagskind stand mir jetzt dieser Vorzug zu. Die durchgestrichenen „Geschenke" bedeuteten, Geschenk wurde bereits eingelöst. Richard Tiefenbach, Leipzig

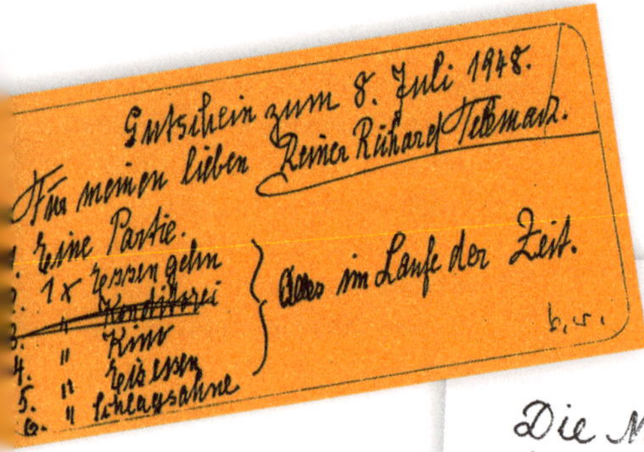
Gutschein zum 8. Juli 1948.
Für meinen lieben Reiner Richard Tiefenbach.
1. Eine Partie.
2. 1x Essen gehn
3. " ~~Konditorei~~
4. " Kino
5. " Eis essen
6. " Schlagsahne
Alles im Laufe der Zeit.
b.w.

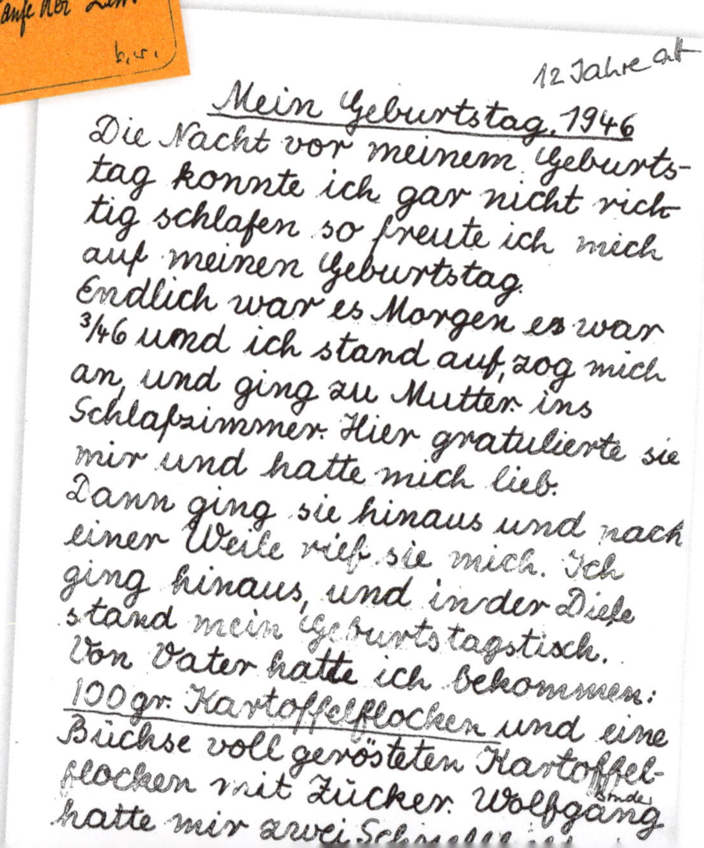
12 Jahre alt
Mein Geburtstag. 1946
Die Nacht vor meinem Geburtstag konnte ich gar nicht richtig schlafen so freute ich mich auf meinen Geburtstag.
Endlich war es Morgen es war 3/46 und ich stand auf, zog mich an, und ging zu Mutter ins Schlafzimmer. Hier gratulierte sie mir und hatte mich lieb.
Dann ging sie hinaus und nach einer Weile rief sie mich. Ich ging hinaus, und in der Diele stand mein Geburtstagstisch.
Von Vater hatte ich bekommen: 100 gr. Kartoffelflocken und eine Büchse voll gerösteten Kartoffelflocken mit Zucker. Wolfgang hatte mir zwei

„Der Hunger war schlimm, aber nach Bonbons und Zucker waren wir Kinder regelrecht süchtig. Zu Weihnachten gab es mal Fondants, das reinste Zuckerzeug. Und im Frühling, „wenn der weiße Flieder blühte", lutschten wir die einzelnen Flieder-Blüten aus. Erna Klemm, Radebeul

„Süßigkeiten kannten wir kaum, manchmal tauschte Mutter eine Fettmarke für ein paar Bonbons. Erika Tottewitz, Leipzig

„Für uns Kinder war die Nachkriegszeit das Abenteuer schlechthin. Anfangs keine Schule, ständig auf Achse. Häufig bei der Roten Armee, um etwas Eßbares abzustauben, aber auch um Bier zu holen - was mit dem Besatzungsgeld fürstlich belohnt wurde. Wir kannten noch einen alten Wirt, der einige Fässer über das Kriegsende gerettet hatte. Später wurden dann Obst, Gemüse und Kartoffeln „besorgt" - im Stil eines Blitzeinbruchs, aber nur auf dem Acker, nie in den Gärten der kleinen Leute. Die kleinen Mengen wurden blitzschnell auf dem Fahrrad weggeschafft. Apropos Fahrrad! Was da so alles als Bereifung herhalten mußte, wenn das x-mal geflickte Material nicht mehr wollte. Zum Beispiel der Gartenschlauch oder ein altes Förderband. Ein ganz Findiger hatte kleine Spiralfedern in die Felgen genietet - Hauptsache, es rollte.

Dr. Dieter Panier, Ilmenau

„Mein jüngerer Bruder und ich schauten uns immer wieder das Dr.-Oetker-Vorkriegskochbuch unserer Mutti an und stellten uns - meist am Ende einer Zuteilungsdekade - vor, wie die Gerichte wohl schmecken könnten.

Barbara Busch, Leipzig

„In der Nachkriegszeit ging ich in die Hauswirtschaftliche Berufsschule in Dresden. Wir lernten Kochen, Nähen, Plätten und sogar Säuglingspflege. Der Kochunterricht fand in einer schön eingerichteten Küche mit Elektroherd, Tischen, Hockern, Regalen mit Geschirr und Töpfen statt. Leider fehlten die Nahrungsmittel. Viele Gerichte wurden nur theoretisch durchgesprochen oder mit

Ersatzmitteln hergestellt. Die Schülerinnen mußten Lebensmittel mitbringen. Fleischgerichte konnten nicht gelernt werden, weil die Mütter von den wenigen Fleischmarken nichts hergeben konnten.
Wir haben auch Sirup aus Zuckerrüben gekocht, das war eine tolle Arbeit. Viele Jahre konnte ich das Wort nicht mehr hören, geschweige Sirup essen. Aber jetzt esse ich ganz gerne morgens ein Knäckebrot mit Grafschafter-Sirup. An meine Berufsschulzeit erinnere ich mich heute noch gerne. E. Kusche, Dresden

Sommerferien - ein „Esser" weniger

„Ich verbrachte bis 1952 sämtliche Sommerferien mit Ferienarbeit auf dem Land. Anfangs stand vor allem Kühehüten an. Dann auch „Hühnerhüten", das hieß: Die Hühner wurden in einem mobilen Stall auf abgeerntete Flächen, besonders Weizenäcker gefahren und mußten wegen des angrenzenden Waldes vor Raubtieren wie Füchsen und Vögeln geschützt werden. Später kamen, mit abnehmender Arbeitskräftezahl auf dem Dorf (Aufbauprogramm, Wismut), Arbeiten im Pferdestall, mit Pferden auf dem Acker und die üblichen Feldarbeiten im Erntegeschehen hinzu. Voller Stolz wurde dann ein Gespann übernommen, für das ich eigenverantwortlich war, und bisweilen durfte ich sogar den Traktor aufs Feld lenken. Für meine alleinerziehende Mutter waren die jeweiligen acht Wochen eine erhebliche Entlastung an der „Versorgungsfront", war doch ein starker Esser für diese Zeit gut versorgt, der zudem als Arbeitslohn in der Regel zwei Säcke Kartoffeln und einen Sack Weizen mitbrachte - goldene Dinge zur damaligen Zeit. Dr. Dieter Panier, Ilmenau

Russenfilme gegen Hunger

„Meine Kindheitserinnerungen: Hunger tat richtig weh. Wir gingen ins Kino und sahen uns die blödesten Russenfilme an, nur um abgelenkt zu werden und den Hunger einige Stunden nicht zu spüren. Barbara Busch, Leipzig

Lehrlinge lernen kochen ohne Zutaten

So schwierig die Nachkriegszeiten auch waren, in vieler Hinsicht lief das Leben ganz „normal". Junge Menschen suchten nach einem Ausbildungsplatz, einer Lehre, auch als Fleischer, Koch, Konditor, als Serviererin und Kellner.
Heute ist es nicht mehr vorstellbar, unter welchen schwierigen Bedingungen die jungen Leute arbeiten und lernen mußten.
In einer Dokumentation „Leipziger Gastronomie 1945-1960 - Beiträge zur Betriebsgeschichte" kann man - staunend oder belustigt - nachlesen, wie Kochlehrlinge „ohne alles" lernten und wie angehende Konditoren opulente mehrstöckige Torten, allerdings aus Gips und Plastilin herstellten. Nüsse, Sahne, Butter, Kakao und Früchte fehlten.
Aber auch für die Ausbilder war es nicht leicht. Viel Zeit mußte aufgewendet werden, um die Lebensmittelmarken gewissenhaft - nach Fleisch-, Fett-, Brot- und Kartoffelmarken getrennt - zu erfassen und abzurechnen. Jede Differenz wurde geahndet.
Für die Lehrmeister, die bessere Zeiten gekannt hatten, gehörte schon Mut und Humor dazu, vier halbe Schnitten Brot als „Schwedenplatte" zu bezeichnen, wenn der Aufstrich nur aus „Aalpastete" bestand. Stand Rotkraut auf der Speisekarte, dann kamen geraspelte Rote Rüben in den Topf. Die Rübenblätter ergaben fein gehackt eine Gemüsebeilage. Jeder versuchte, so gut es ging, zu verwerten, was gerade da war.

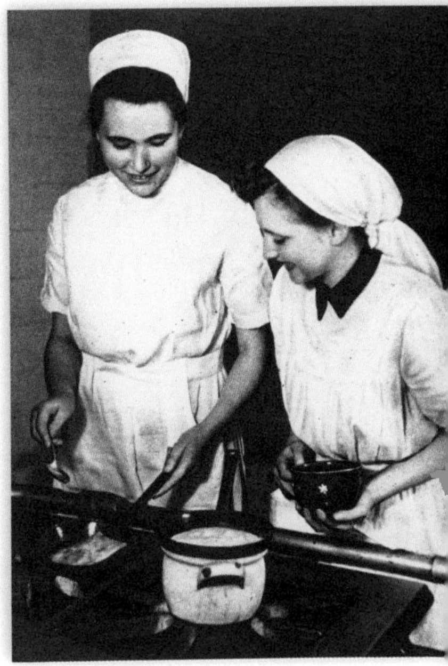

» Schwierig war es, Material für das Prüfungsvorhaben zu beschaffen. Nach längeren Verhandlungen mit der Abt. Sozialfürsorge und Berufsausbildung und dem Arbeitsamt bekamen wir einige Lebensmittelkarten zugeteilt. Wenn es auch bescheiden war, was die Lehrlinge herstellen konnten, so war es doch für sie eine richtige Prüfung. Freudig aufatmend konnten sie als Gesellen ihren eben bestandenen Lehrabschluß mit einem Schluck Alkohol begießen.

Leipziger Gastronomie

Auch ein Foto wurde zur Erinnerung an die bestandene Prüfung geschossen. Die Kleidung der „Gesellen" entsprach dem Stand der Notzeit. Ein Lehrling stand in kurzer Hose und Holzpantinen am Herd, ein anderer trug ein Sporthemd und einen als Schürze vorgebundenen Sack um die mageren Hüften.

Die Liste der Gesellen und der Gerichte vom Februar 1946 blieb erhalten:

Gehilfenprüfung „Frühjahr 1946"

Speisefolge:
Kraftbrühe mit Einlage
(Kochlehrling Schewardo)
Butternudeln mit Tomatentunke
(Kochlehrling Arndt)
Sauerbraten mit Thüringer Klößen
(Kochlehrling Schumann)
Fruchtpudding mit Mandeltunke
(Kochlehrling Reissig)
Bedienung: Kellnerlehrlinge Fiedler und Heide

Neben ihren praktischen Arbeiten mußten die Prüflinge auch ein betriebliches Thema in einer Hausarbeit behandeln. In diesen Arbeiten konnte man manchen lustigen Satz lesen. Ein Kellnerlehrling schrieb:

„Bei der Hochzeit durfte ich die Braut bedienen. Als ich die Suppe einsetzen wollte, goß ich sie über das Brautkleid. Zum Glück hatte die Suppe keine Fettaugen." Eine junge Köchin äußerte sich über das Buffet: „Wenn die Platten angerichtet sind, geht der Chef durch die kalte Küche, sucht alle Abschnitte zusammen und macht daraus einen schmackhaften Salat."

Biberratte auf Meissner Porzellan

Was (später) in der Goldenen Krone (in Leipzig) - hier fand die erste Meisterprüfung statt - alles gekocht wurde, kann ich heute nicht mehr sagen; aber an eine Arbeit kann ich mich erinnern - es war Nutria (d.i. eine Biberratte, die als Pelztier gezüchtet wird), auf Meissner Porzellan serviert.

Großküche im Amtsgericht

Schrittweise gelang es, die Versorgung zu verbessern, (so auch) bei der Studentenverpflegung. Im Studienjahr 1946/47 war es (in Leipzig) möglich, kleine Küchen und Ausgabestellen (...) zu schaffen. (...) Im Verlauf des Jahres gelang es, im Amtsgericht eine Großküche auszubauen. (...) Die Kapazität als „Universitäts-Werkküche" betrug in zwei Schichten 4 000 Portionen. (...) Damit war eine wesentliche Unterstützung für die Studenten gegeben, von denen bei der damals niedrigsten Lebensmittelkarteneinstufung viele manchen Tag ohne warmes Essen auskommen mußten.

Suppenküche in Auerbachs Keller

Bis 1948 war Auerbachs Keller (in Leipzig) Pachtbetrieb der Dortmunder Unionsbrauerei. Bei Kriegsende lagerten in den Kellerräumen noch größere Mengen an Kartoffeln, Reis und Haferflocken, die, zu Suppen verarbeitet, den notleidenden Einwohnern und Studenten eine kärgliche Mahlzeit abgaben. Zum ersten Male in seiner Geschichte war Auerbachs Keller „Suppenküche" geworden.

Bücklinge in Bautzen

*„Wir bauten die Bibliotheken im Kreis Bautzen auf. (...)
Wir arbeiteten und studierten gleichzeitig. Wir hungerten schrecklich. Ich weiß noch, wie wir einmal, während eines Lehrgangs für ein Vierteljahr in Leipzig, Geld zusammenlegten und in die Mitropa gingen. (...) Dort aßen wir acht Mann eine Terrine Nudeln. (...)
(Später) durfte meine Klasse (...) am Betriebsessen teilnehmen. Das war sehr billiges Essen und bestand manchmal nur aus gekochten Zwiebeln, aber wir existierten. (...) Der anderen Bautzenerin, meiner Mitstudentin, schickte man eine Kiste Bücklinge. Davon schwelgten wir eine Woche. Die Bücklinge tauschten wir natürlich in Marken für Brötchen. Für fünf oder zehn Pfennige gab es in der Konditorei schon mit Sauerkraut belegte Brötchen. Lecker!* Keller/Rook

Leipziger Volkszeitung,
14. Februar 1947 (Leserbrief)

Ich komme 17 Uhr aus dem Geschäft, kann mir aber nichts mehr einkaufen, denn die Geschäfte sind wegen Stromsperre geschlossen. Nicht einmal Brot kann man sich kaufen. Zu Hause angekommen, ist man nicht in der Lage, sich Kartoffeln zu kochen, weil Gas und Strom fehlen.

Achtun
Die von Kriegsschäden s
in der Lage, Flüchtlinge

Umsiedler, Flüchtlinge, Heimkehrer und Häftlinge

Von den 10,5 Millionen Umsiedlern aus den polnisch/sowjetisch besetzten Gebieten, aus Teilen Rußlands, der Ukraine und der Tschechoslowakei erhielten die französische Zone ca. 60 000, die amerikanische 3 Millionen, die sowjetische 4,4 Millionen und die englische 3,3 Millionen Vertriebene.
In Sachsen mußten 1,1 Millionen Menschen in Flüchtlingslagern untergebracht werden, das waren 17,5 % der Gesamtbevölkerung.
Die Situation in den Lagern war teilweise dramatisch.
Die Angst zu verhungern stieß jedes moralische Bedenken beiseite: Ausgemergelte Kinder lungerten auf den Feldern, rissen Rüben und unreifes Getreide heraus und zogen sich damit den Zorn der Landbevölkerung zu. Eine Lagerpolizei mußte aufgestellt werden, um Diebstähle und Übergriffe zu verhindern. Private Hilfsbereitschaft war selten. Die allgemeine Not führte vielmehr zu offener Feindseligkeit gegen die Flüchtlinge.

„An Einzelheiten der Flucht kann ich mich kaum noch erinnern. Aber jeden Abend vor dem Einschlafen wünsche ich mir noch heute: Bloß nicht von der Flucht träumen. Aber leider erfüllt sich der Wunsch nicht oft. Rita Z., Chemnitz

Stadtarchiv Leipzig ZGS
1945–1990, Nr. 344

Heimgekehrt

In der Zeit vom 22. März bis 12. April (1949) wurden auf dem Hauptbahnhof 33 698 Heimkehrer, die in 22 Transporten aus Gronenfelde (bei Frankfurt/Oder) in Leipzig eingetroffen waren, betreut und verpflegt. Sie erhielten 1/2 Liter Suppe und Kaffee, und die Mädel der Lehrwerkstätten unterhielten mit Gesang und Tanz.

Flüchtlingsfrau

Wir mußten 1945 zwei Flüchtlingsfamilien, insgesamt 7 Personen, in unsere Wohnung aufnehmen, deswegen mußte ich mit meinem Bruder in einer Bodenkammer schlafen. Das habe ich nicht in negativer Erinnerung. Aber daß eine Familie aus Ostpreußen zwei Eimer voll Schmalz mithatte, darauf war ich damals neidisch. Richard Tiefenbach, Leipzig

Das Herz macht nicht mehr mit

Jetzt muß ich manchmal auf der Straße stehen bleiben und tief Atem schöpfen. Das Herz will scheinbar nicht mehr so recht mitmachen. Die Nachwirkungen der Gefangenschaft und der schlechten Ernährung machen sich bei mir immer stärker bemerkbar.

Vielleicht hängen diese Angstzustände damit zusammen, daß der Winter vor der Tür steht, daß zum Hungern das Frieren hinzukommt und daß die Kinder sich in einem Zustand befinden, daß sie sich nicht mehr so um die Wirtschaft kümmern wie früher. (...) Es scheint aber mit der Ernährung zusammenzuhängen, daß die Kinder schon so apathisch sind. Maria, die sonst so auf Tischsitten achtet, leckt jetzt auch die Teller ab. Daran erkenne ich, wie hungrig sie ist. Auszug eines Briefes vom 27.9.1947, im Besitz von Richard Tiefenbach, Leipzig

Hungern in Bautzen

Die fast fünfjährige Existenz der sowjetischen Speziallager (z. B. Bautzen in Sachsen) kostete mehrere zehntausend Menschen, die zu Recht oder unschuldig inhaftiert waren, das Leben. Als häufigste Todesursachen werden von ehemaligen Lagerinsassen, und gestützt durch die wissenschaftliche Auswertung der Quellen, die schweren Haftbedingungen, besonders die dürftigen hygienischen Verhältnisse, Unterernährung und daraus resultierende Krankheiten genannt.

In der Phase der Einrichtung der Lagersysteme von Mai 1945 bis November 1946 wurde der Zustand der Häftlinge wegen „einer unzureichenden Verpflegung" selbst von den sowjetischen Behörden sehr realistisch bezeichnet: *„stark ausgeprägte Abmagerung, auf Vitaminmangel zurückzuführende Erkrankungen und akute Magenverstimmungen".*

Die den Häftlingen nach der Norm für Kriegsgefangene offiziell zustehenden Rationen, z. B. täglich 600g Brot, 90g Nährmittel, 30g Fleisch usw., wurden häufig gekürzt und fast nie erreicht.

Die mengenmäßig vorgegebenen Rationen verringerten sich erheblich, weil keine „Küchenabfälle" wie Kartoffelschalen, verfaultes oder erfrorenes Gemüse u. ä. abgerechnet wurden. So wurden in Extremsituationen alle Küchenabfälle sowie minderwertiges Gemüse mitgekocht.

Besonders dramatisch wirkte sich die von den Sowjets ohne Angabe von Gründen vorgenommene Senkung der Rationen ab November 1946 aus. *„Jetzt standen jedem nichtarbeitenden Lagerinsassen täglich nur noch 300g Brot, 400g Kartoffeln, 15g Zucker, 40g Fleisch bzw. Fisch, 200g Gemüse und 35g Nährmittel zu."*

Häftlinge, die an Tuberkulose und starker Unterernährung litten, waren besonders bedroht. Die Verlegung in ein Lazarett bedeutete oft keine Hoffnung auf Heilung, sondern ein langsames Hinsiechen bis zum Tod.

Sowjetische Speziallager Bd. 1

Heimkehrer

Margret Bechler war von Juli 1945 bis September 1946 im Speziallager Nr. 4 in Bautzen inhaftiert. Sie berichtet:

„(Die) Aufsicht führte ein eisernes Regiment. Nur ein einziges Mal gehorchten wir ihr nicht. Das war an dem Tag, als unsere Mittagssuppe aus rötlichem Wasser bestand, ohne jeden Inhalt. Wir reimten uns zusammen, daß rote Rüben darin gekocht worden waren. Eine der Neuangekommenen, eine frische Frau mit weißem Haar, noch ungebrochen und energisch, stellte sich vor uns hin und sprach uns an. Sie sagte, wir würden bald verhungert sein, wenn wir dieses Essen akzeptierten, da müsse etwas geschehen, und sie schlüge vor, daß, wer es über sich brächte, auf die Suppe verzichten sollte. Um unsere Erschöpfung zu demonstrieren, sollten wir uns in der Mittagspause, entgegen dem Verbot, hinlegen, das würde die Aufmerksamkeit des Sergeanten auf uns

lenken. Sie wollte ihm dann den Inhalt ihrer Suppenschüssel zeigen und darauf hinweisen, daß der allgemeine Erschöpfungszustand eine Liegepause notwendig mache. Entweder würde das Essen dann besser oder es bliebe beim Alten, schlimmer könne es ja auf keinen Fall werden, allenfalls würde man sie für ein paar Tage in den Bunker bringen, und das wolle sie auf sich nehmen.

” Nicht alle Frauen konnten der Wassersuppe widerstehen, wir waren zu ausgehungert, aber fast alle legten sich hin. Der Sergeant kümmerte sich zunächst nicht um uns, er kannte ja unsere unerbittliche Aufseherin. Nun freuten wir uns heimlich, als sie angesichts unseres Ungehorsams an die Tür ging und ihm ein Zeichen gab. Er erschien sofort, und es lief wie geplant; die Weißhaarige zeigte ihm ihre Suppe, während wir stumm auf unseren Betten lagen. Er sah sich um und schüttelte mißbilligend den Kopf, dann ging er; zwei Männer erschienen und trugen die Suppe hinaus, niemand störte unseren Liegestreik. Gegen Abend aber kam neues Essen, so gut wie lange nicht, natürlich verschlechterte es sich bald wieder, aber nie mehr wurde es so ungenießbar wie an diesem einen Tag. Margret Bechler

Nach Auflösung der sowjetischen Speziallager war Margret Bechler von 1950 bis 1954 im Zuchthaus Waldheim. Hier erhielt sie erstmals Pakete von Verwandten.

” Nachmittags wurde ich aufgefordert, mit meiner Blechschüssel zum Paketempfang zu kommen. (...) Ein Raum im Erdgeschoß war eigens für die Übergabe eingerichtet worden. Er sah aus wie ein Laden, mit hohen Regalen, in denen die Pakete lagen, und einem langen Holztisch, Verpackungsmaterial häufte sich in einer Ecke. Neben dem Tisch stand ein großer Karton, da hinein kam alles, was beschlagnahmt wurde. Es gab ja längst genaue Vorschriften. Für Zucker, Fett, Wurst, Gebäck und Obst war als Höchstgrenze ein Pfund festgesetzt. War die Sechspfundgrenze überschritten, dann ging das ganze Paket zurück. Traubenzucker war verboten, ebenso Trockenobst und alles mit Schokolade Überzogene. (...)

„Ich mußte zusehen, wie Wurst, Käse und Zucker in meine Blechschüssel geschnitzelt wurden. Immer diese krampfhafte Suche nach Verbotenem! Ich ertrug es, in meiner Zelle würde ich Zeit haben, alles wieder zu trennen. Aber als sie mir über der vollen Schüssel eine Zitrone zerschnitten, da schrie ich vor Entsetzen auf. Der Wachtmeister schnitt weiter und sagte boshaft, jetzt erlebte ich am eigenen Leibe, wie es früher in den KZs zugegangen sei, da habe man es mit seinen Paketen auch so gemacht. Demonstrativ zerschnitt er die letzte Zitrone in dünne Scheiben, kippte sie mit Schwung über die Wurst und Keksbrocken und entließ mich mit der bösen Bemerkung, nun könne ich in Ruhe sortieren. Margret Bechler

„Frau Hempel (bekam heute) ein Paket. Uns wurde klar, daß auch die draußen hungerten, es enthielt nämlich nur gekochte Kartoffeln, Pellkartoffeln. Jede von uns bekam eine zum Probieren, was für ein Geschenk. Wir hielten sie in der Hand, diese kalte Pellkartoffel, dann zogen wir sie ab und aßen sie, Bissen für Bissen. Margret Bechler

Zeitgemäße

Spar-Rezepte

für den Winter 1945/46

30 Pfg. Als Manuskript gedruckt **30 Pfg.**

Abwechslungsreiche Kost

trotz zeitbedingter Nahrungsmittelknappheit!

Das ist eine der Hauptforderungen an die Hausfrau von heute. Nicht nur sparsam zu wirtschaften heißt es, nicht nur ständig zu versuchen, die vorhandenen knappen Lebensmittel bis zum letzten auszuwerten, sondern auch alles daranzusetzen, daß nach wie vor eine möglichst abwechslungsreiche Kost geboten wird. Denn **die angespannte Ernährungslage führt leicht zur Eintönigkeit des Küchenzettels, und Eintönigkeit in der Küche macht eine ohnehin einfache Kost nur noch dürftiger.** Das aber darf nicht sein! Jede Hausfrau muß heute ihren ganzen Ehrgeiz daransetzen, dieser Gefahr durch die Erprobung und Anwendung immer neuer Rezepte zu begegnen und **durch eine vielseitige Gestaltung der Mahlzeiten die Einfachheit des Essens weniger spüren zu lassen.**

An der Erreichung dieses Zieles will auch **der vorliegende kleine Ratgeber** zu seinem bescheidenen Teil mithelfen. Er **bringt aus der Fülle der Spar-Rezepte,** die in den vergangenen Monaten mit Erfolg ausprobiert worden sind, **eine Auswahl speziell solcher Rezepte, die sich im wesentlichen auf die Verwendung von Kartoffeln und Brot als unseren gegenwärtigen Hauptnahrungsmitteln stützen und deshalb im allgemeinen von allen Hausfrauen angewandt werden können.** Spar-Rezepte, bei denen mindestens in größerem Umfang Gemüse erforderlich ist, wurden in dieser für den Winter bestimmten Ausgabe bewußt außer acht gelassen.

Rezepte – Kochen und Backen ohne alles

Die alten Kochbücher taugten nach dem Krieg nicht mehr, und für die Lieblingsgerichte fehlten Fett, Eier und Fleisch. An Wildgemüse als Spinat und falsches Schmalz mußten sich die Hausfrauen zwangsläufig gewöhnen. Bereits im Sommer 1945 bemühten sich Ernährungsämter, Kleinverlage und Zeitschriften, mit Hinweisen, Rezepten und guten Ratschlägen die fatale Ernährungssituation in den Griff zu bekommen.

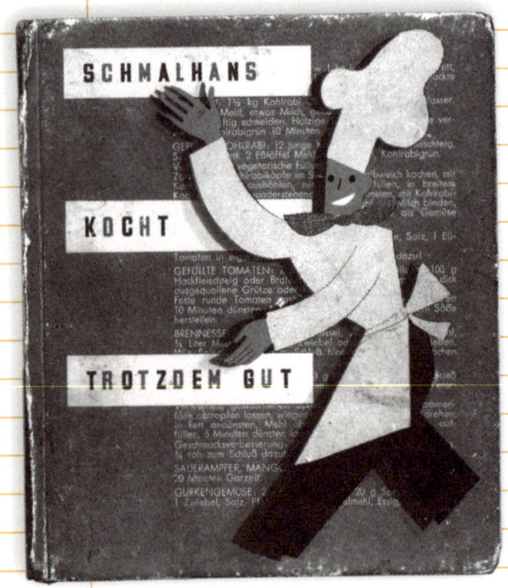

Das Heft „Zeitgemäße Sparrezepte für die Hausfrau" bot gleich im Winter 1945 Hilfe an und war weit verbreitet.
Sehr beliebt war das in Erfurt 1948 erschienene Kochbuch „Schmalhans kocht trotzdem gut", dem nach zwei Jahren und leicht verbesserter Ernährungslage „Schmalhans ade" mit dem Untertitel „Ein Kochbuch für bessere Tage" folgte. In der DDR wurde noch viele Jahre danach gekocht und gebacken, und auch heute benutzen sparsame und ernährungsbewußte Hausfrauen gelegentlich diese Rezepte.
Es fehlte auch nicht an Mahnungen, auch in Notzeiten eine gewisse Form der Eßkultur zu pflegen:

» *Liebe Hausfrauen! Sparen heißt noch lange nicht kulturlos kochen, irgend etwas zusammenzupanschen, das geschmacklos für Auge und Gaumen ist. Nein! Kultiviert wollen wir immer sein und bleiben.* Boruttan

Brot und Brötchen

Brot war neben Kartoffeln der wichtigste Bestandteil der täglichen Nahrung, jedoch konnte die für lebensnotwendig erachtete Menge von 300 Gramm pro Tag und Person nie erreicht werden. Brot war stets knapp. Um mit der vorhandenen Menge auszukommen, haben die Mütter in besonders kritischen Wochen die tägliche Ration auf dem Rücken des Brotlaibes eingekerbt. Wurde das Maß überschritten, herrschte in den nächsten Tagen bitterer Hunger. Um die kargen Rationen gerecht auf alle Familienmitglieder zu verteilen, wurden die Brotscheiben abgewogen. In manchen Familien mußte dazu eine über den Krieg gerettete Briefwaage herhalten.
Auf die an die Kinder gerichtete Frage: „Welchen Beruf wollt ihr später einmal ausüben?" kam in der Regel zuerst Bäcker, dann Lokomotivführer oder Straßenbahnschaffner.

» Wir lasen Ähren, die wurden ausgeklopft und die Körner in der Kaffeemühle gemahlen. Ganz grobkörniges Brot buken wir daraus, aber ich habe meine Großmutter - ich wohnte damals bei ihr - genervt: noch eine Schnitte und noch eine Schnitte. Ich konnte nicht anders, ich war jung und ausgehungert. (Aber) dieses grobe Schrotbrot war eine Köstlichkeit, wie ich sie nie wieder gegessen habe. Ahbe/Hofmann

» Brot war immer knapp. Die Anzahl der Schnitten wurde oft mit Hilfe eines Lineals bestimmt, um mit der Markenzuteilung auszukommen.
Dr. Dieter Panier, Ilmenau

» Die Rationierung meines Brotes fand ich schrecklich. Ich sagte meiner Mutter, sie solle mir mein Brot auf einmal geben. Ich wollte einmal richtig satt sein und dann ein paar Stunden hungern. Aber früh eine Schnitte und mittags eine Schnitte - das hielt ich nicht aus. Einmal aß ich mich richtig satt, aß mein ganzes Brot auf einmal. Ahbe/Hofmann

» Bei uns zu Hause wurde das Brot eingeteilt. Meine Mutti sagte mir abends, wenn ich nicht einschlafen konnte: „Du kriegst heute Abend dein Ränftl (d.i. sächsischer Ausdruck für Anfang und Ende des Brotes) unters Kopfkissen." Daran habe ich noch herumgebissen. Einmal war das Ränftl schon aufgegessen, und ich war so hungrig. Meine Mutti ging deshalb noch am Abend (...) los. Sie sagte: „Jetzt kaufe ich dir auf dem Schwarzen Markt ein neues Ränftl." Ich glaube, es kostete 150 Mark. Ahbe/Hofmann

» Wir hungerten wirklich sehr. Das Brot hatte einen großen Wassergehalt, im Winter legten wir die Scheiben auf den Ofen und rösteten sie. Immer kam dabei eine Dampfwolke heraus. Die Scheibe war hinterher allemal etwas dünner. Ahbe/Hofmann

» Ich erinnere mich noch an eine Köstlichkeit: Brotscheiben wurden geröstet, mit Malzkaffee beträufelt, dann mit Zucker bestreut. Renate Brix, Leipzig

ROGGENBROT MIT HEFE

1250g Roggenmehl
30-40g Hefe
Salz
Wasser

Das angewärmte Mehl wird in eine Schüssel geschüttet. In die Mitte wird eine Vertiefung gemacht, in die man einen Teelöffel Salz und die im lauwarmen Wasser aufgelöste Hefe gibt. Alles mit lauwarmem Wasser zu einem geschmeidigen, nicht zu dünnen Teig verarbeiten. Das Ganze bis zur doppelten Menge aufgehen lassen, nochmals durchkneten und wieder eine Stunde an einem warmen Ort ruhen lassen. Zu einem Brot formen und in einem vorgewärmten Ofen backen. Der Teig kann auch mit geriebenen Kartoffeln versetzt werden.

„BRENND'L"

(Sächsische Spezialiät)

Brotwürfel ganz trocken oder mit wenig Fett in der Pfanne rösten. Ein Ei mit einer Prise Salz, einem Eßlöffel Milch oder Wasser und einem Teelöffel Mehl mit einer Gabel schaumig schlagen, über die Brotwürfel geben und alles zum Stocken bringen.

„Brennd'l" sind auch bei meinen Enkeln heute noch sehr beliebt. Heute natürlich mit mindestens zwei schaumig gerührten Eiern.

Charlotte Müller, Liebertwolkwitz

SCHROTBROT

500g Weizenschrot
125g Weizenmehl
35g Hefe
1/8 l warmes Wasser
1/2 l heißes Wasser

Aus der in dem warmen Wasser aufgelösten Hefe und dem Mehl knetet man ein Hefestück und läßt es aufgehen. Das Weizenschrot wird mit dem Salz vermischt, mit dem heißen Wasser verrührt und, wenn es abgekühlt ist, mit dem aufgegangnen Hefestück verknetet. Man formt ein Brot, das auf einem Brett noch etwa 1 1/2 Stunden aufgehen muß und das, mit Wasser bepinselt, etwa eine dreiviertel Stunde im gut heißen Ofen zu backen ist.

ZWIEBACK

500g Mehl
50g Hefe
1/2 l Molke, Milch oder Wasser
25g Fett
etwas Salz
50-80g Zucker

Das Mehl wird in eine Schüssel gesiebt, warm gestellt und mit der aufgelösten Hefe zu einem Vorteig verarbeitet. Wenn das Hefestück gut aufgegangen ist, werden alle Zutaten miteinander verarbeitet. Der Teig muß dreimal aufgehen und wird immer wieder durchgeknetet, dadurch wird die Feinporigkeit des Gebäcks erreicht.

Den Teig in eine Kastenform geben und backen. Am nächsten Tag in Scheiben schneiden, diese auf ein Blech legen und im Ofen von beiden Seiten mehr rösten als backen.

SCHROTKUGELN

100g geriebene Brotreste
75g geröstetes Schrot
40g Zucker
2 EL Marmelade
Bittermandel-Aroma

Alle Zutaten mischen und Kugeln formen.

KARTOFFELBROT

150g Weizenmehl
150g Maismehl
150g gekochte und geriebene Kartoffeln
20g Zucker
etwas Salz
20g Hefe
1 Tasse Milch oder Molke

Das Maismehl mit etwas heißem Wasser überbrühen und stehen lassen. Die Hefe mit Zucker und Milch zu einem Brei verrühren und gehen lassen. Mehl, Maismehl und die Kartoffeln mit Salz vermengen, Hefe dazugeben und zu einem festen Teig verkneten. Noch eine Stunde gehen lassen, zu einem Brot formen und auf ein Backblech legen. Bei mittlerer Hitze im Ofen braun backen. Das Brot langsam auskühlen lassen.

BROTKLOPSE

Vier dicke Scheiben Mischbrot einweichen. Eine Handvoll Pellkartoffeln kochen, schälen und reiben. Brot und Kartoffeln mit Salz mischen, evtl. Kümmel zugeben und alles durchkneten. Die Masse zu einer Wurst formen und, in Scheiben geschnitten, in Öl braten. Aus Wasser, Essig, Zucker und Bratfett eine Tunke bereiten, aufkochen und über die ausgekühlten Klopse gießen. Einen Tag durchziehen lassen.

SELBSTGEBACKENE BRÖTCHEN

125g Hafermehl
125g Weizenmehl
15g Hefe
1/8 l Molke
etwas Salz

Das Mehl wird in eine Schüssel gesiebt. Die Hefe mit Molke breiig gerührt, mit Mehl und Molke zu einem Teig verarbeitet und gut abgeschlagen. An einem warmen Platz läßt man den Teig zu doppelter Höhe aufgehen, schneidet ihn dann in gleichmäßig große Stücke und formt Brötchen, die man beiderseitig in der Mitte einkerbt. Man legt sie auf ein gefettetes Blech und läßt sie nochmals aufgehen. Bäckt sie bei Mittelhitze etwa 25 bis 30 Minuten.

SALZSTANGEN MIT KÜMMEL

250g Mehl
1/2 Päckchen Backpulver
etwas Wasser oder Molke
Kümmel
Salz
Eigelb

Das mit dem Backpulver gesiebte Mehl wird mit etwas Salz und der Flüssigkeit zu einem festen Teig verarbeitet. Man rollt ihn aus und schneidet 15cm lange Streifen und rollt dieselben. Man bestreicht sie mit etwas Eigelb und bestreut sie mit Salz und Kümmel. Backzeit etwa 25 Minuten.

Salz

Kleinere Vorräte an Salz waren nach Kriegsende noch in vielen Haushalten vorhanden. Gingen diese zur Neige, entstand ein spürbarer Mangel. Nur in kleinen Mengen wurde in den Geschäften Salz abgegeben. Das Salz zeigte oft eine bräunliche Farbe und war leicht verunreinigt, so daß die Verbraucher meinten, es handle sich um Viehsalz. Der Mangel wurde jedoch in wenigen Monaten behoben, als die Produktion wieder anlief. Die „Salznot" wandelte sich in einen Überfluß an Salz.

Salzballade eines Junggesellen

Mir mangelt es an vielen Dingen.
Nie komm' ich mit den Marken aus.
Ich kann ein Liedchen davon singen.
Doch eines hab ich stets im Haus.

Um eines bin ich nie verlegen.
Es hängt mir beinah schon zum Hals.
Es ist schon gar nicht mehr ein Segen.
Ach, hätt ich alles so wie - Salz.

Mein Salzstandard ist unvergleichlich.
Ich halte da wohl den Rekord.
Hab ich sonst nichts - Salz hab ich reichlich.
Salz ist mein einziger Komfort.

Ich salz' die Suppe mir am Morgen.
Ich streue Salz aufs Abendbrot.
Ich könnte Salz sogar verborgen.
Doch scheint kein Mensch um Salz in Not.

Noch nie hab' ich am Baum gelesen,
Daß jemand Salz eintauschen will.
Ich wär sofort bei ihm gewesen:
„Hier hast du Salz, mein Freund! Sei still!"

Ich hab' im Laufe der Dekaden.
Schon siebzehn Tüten Salz erspart.
Ich nehm' das Salz jetzt schon zum Baden.
Ich pudre mir damit den Bart.

Ich kann mein Salz gar nicht verbrauchen.
Ich mache daraus Fensterkitt.
Ich wollt's schon in der Pfeife rauchen.
Und nahm mir Salz bei Glatteis mit.

Ich weiß, die Suppen schmecken weichlich,
Ist nicht 'ne Prise Salz dabei.
Mir aber hat man schon zu reichlich
Versalzen meinen Lebensbrei.

Ich schwitze Salz. Und wenn ich weine,
Sind meine Tränen Salz gefüllt.
Ich habe auch schon Nierensteine,
Und Salz ergab das Röntgenbild.

Und auch die Steuern sind gesalzen.
Gesalzen ist, was man sich sagt.
Kein Mensch kann heut mehr richtig - balzen.
Die Seele ist vom Salz zernagt.

Auch für den größten Salzgenießer
Wird Wohltat schließlich nur Verdruß.
Ach, wär sie doch ein bißchen süßer,
Die Suppe, die man löffeln muß.

aus Roland von Berlin 6.7.1947

Sächsische Volkszeitung, 3. März 1946

Leuna hilft die Ernährung sichern

Die Leitung des Leuna-Werkes hat in Zusammenarbeit mit dem Betriebsrat für die Leuna-Belegschaft eine zusätzliche Ernährungsquelle erschlossen. Nach 3½-monatiger Versuchsarbeit im Labor und nach praktischer Erprobung in der Werkküche hat jetzt die Herstellung eines neuen Nahrungsmittels zunächst für die 23 000 Belegschaftsmitglieder der Leuna-Werke begonnen. Aus der seit längerem bekannten Nährhefe, wie sie besonders von den Chemischen Werken in Wolfen schon länger produziert wurde, hat Leuna unter Zusatz einiger anderer Stoffe einen Brotaufstrich entwickelt, der geschmacklich guter Leberwurst nicht nachsteht und in seinem Eiweißgehalt diese noch weit übertrifft. Ab März werden 10 000 kg Nährhefe zu dieser Wurst verarbeitet.

Brotaufstrich

Phantasie und Organisationstalent waren gefragt, wenn Wurst und Käse als Brotaufstrich fehlten. Es mangelte nicht an guten Ratschlägen, die sich in Zeitschriften und Rezeptheften fanden.

„Ganz schlimm war die braune Masse, die unter der im Volksmund saloppen Bezeichnung „Stalinquark" am Ende des ersten Nachkriegsjahres in den Fleischerläden angeboten wurde. So richtig haben wir nie herausbekommen, woraus das Zeug bestand. Es schmeckte ein wenig säuerlich und sehr widerlich, aber man konnte es essen. Hannelore Kuhn, Dresden

„Mein Vater war früher Handelsvertreter gewesen. Er nahm sofort die Verbindungen zu seinen alten Freunden auf. Mein Vater kannte einen Chemiker, der in einer Baracke in der Zwickauer Straße wohnte. Dieser Chemiker sagte zu mir, ich solle ihm Graupen bringen, daraus wolle er mir Mettwurst machen. Er rührte das Mettwurstaroma mit dem Mixer unter die Graupen, und bald konnte ich in einem Glas die Mettwurst abholen. Das war ein wunderbarer Brotaufstrich. Ahbe/Hofmann

FALSCHES SCHMALZ

Aus Wasser, Salz und Grieß einen dicken Brei kochen. Viel klein geschnittene Zwiebel in etwas Fett glasig dünsten und unter den erkalteten Grießbrei rühren. Je nach Jahreszeit mit Petersilie, Schnittlauch oder Dill würzen.

„Bei uns nannte man das falsche Schmalz auch Flohfett, Affenfett oder Stalinbutter. Christa Wäscher, Bad Düben

Der Brotaufstrich

Dieses würzige Gemisch
nennt sich prima Brotaufstrich,
frei verkäuflich ohne Marken,
äußerst dienlich zum Erstarken.

Er besteht aus Raps und Mohn,
was bekanntlich, wie man schon
oft gehört in unsren Tagen,
äußerst dienlich für den Magen.

Weil das Vieh ihn ließe stehn,
ist man reich damit versehn,
denn der Mensch läßt sich belehren
was ihm dienlich zu verzehren.

Wenn er auch nicht immer schmeckt,
wird dank ihm das Fett gestreckt
oder auch die Marmelade
ein Behelfsgeschenk der Gnade.

Außerdem ist er an sich
sparsam dieser Brotaufstrich,
weil er niemand tut verführen
allzu dick ihn aufzuschmieren.

Mancher geht sogar so weit
im Gebrauch der Sparsamkeit,
läßt sich nicht von ihm verlocken
und verspeist die Stulle trocken.

aus Roland von Berlin, 31.8.1947

FALSCHE LEBERWURST

30g Fett
1 kleine Zwiebel
50g Hefe
2 EL Semmelmehl oder Haferflocken
1/8 l Wasser
Kümmel oder Majoran

Fett und Zwiebel dünsten, Hefe zerbröseln, mit den anderen Zutaten aufkochen lassen und kräftig abschmecken. Es kann auch ein halber geriebener Apfel zugesetzt werden. Mit viel Majoran gewürzt, erinnert die Masse an Leberwurst.

FLEISCHAUFSTRICH

Wer bereit ist, für einen Brotaufstrich einen Teil der Fleischzuteilung zu opfern, kann aus kleinsten Mengen Fleisch oder Wurst einen gut schmeckenden Aufstrich herstellen, der sich auch einige Tage hält. Fleisch oder Wurst zweimal durch den Fleischwolf drehen, mit einer dicken Mehltunke mischen und mit Salz, Kräutern und Thymian kräftig abschmecken.

PIKANTER AUFSTRICH

Aus 20 Gramm Fett, 30 Gramm Mehl und 1/8 Liter Milch eine dikke Tunke herstellen, erkalten lassen und mit einem Eßlöffel Öl, etwas Senf, Zucker und Essig abschmecken, mit feingehackten Fleischresten, kleingeschnittenem gekochten Sellerie oder Gurke vermischen.

MÖHRENAUFSTRICH

Gewaschene, sehr klein geriebene Möhren werden mit geriebenem Brot, gewiegten Kräutern, Meerrettich, Salz, Essig und etwas Zucker angemacht. Falsche Mayonnaise oder einige Tropfen Öl verbessern den Aufstrich.

FALSCHER LACHS

Möhren und etwas Zwiebel fein reiben und mit Salz und Pfeffer abschmecken.

» *Es gab auch künstlichen Brotaufstrich auf Hefebasis, z.B. „Agga" - Hefepaste mit Aal- oder Rauchfleischgeschmack.* Rosemarie Starke, Leipzig

Bienenhonig gab es nur als „Medizin" für Kinder, die an Bronchitis oder Keuchhusten litten.

BIERHONIG

1 Tasse Bier
1 Tasse Zucker
1/2 Tasse Mehl
1 Prise Salz

Alle Zutaten verrühren und zwei Minuten kochen lassen. Während des Erkaltens öfter umrühren.

BUTTERMILCHHONIG

1/2 l Buttermilch
200g Zucker

Buttermilch mit Zucker vermengen und unter Rühren kochen, bis die Masse streichfähig ist. Anstelle von Buttermilch kann auch Molke verwendet werden. Mit Zimt- oder Vanillearoma verfeinert ergibt die Masse einen wohlschmeckenden Belag für Rührkuchen.

Getreide und Hülsenfrüchte

„Nach dem Kriege arbeitete mein Vater als Fuhrunternehmer. Die Straßen waren schlecht, Ersatzteile für Autos fehlten, und manchmal mußten wir tagelang warten, bis der Vater kam. Dann war der Jubel groß, denn er brachte immer etwas zu essen mit. Sehr häufig waren es Bohnen oder Erbsen, die zwar satt machten, aber wenn sie jeden Abend gegessen werden mußten, war das doch eine Qual. Ich esse heute auch keine Hülsenfrüchte, vielleicht eine unterschwellige Abneigung aus der schlechten Zeit. Dr. Erika K., Berlin

FRIKADELLEN AUS BOHNEN

200g dicke Bohnen
1 Ei
80g Haferflocken
Wurzelwerk
etwas Tomatenmark
Salz, Pfeffer
Thymian oder Petersilie
Bratfett

Die Bohnen über Nacht einweichen und mit Wurzelwerk (Möhren, Porree, Sellerie) weich kochen. Die Haferflocken etwas quellen lassen und mit den Gewürzen, dem Ei und den Bohnen zu einem festen Teig verarbeiten. Den Teig ca. zwei Stunden ruhen lassen und dann in etwas Bratfett zu Frikadellen braten.

ERBSENSUPPE

300g Erbsen
3 l Wasser
Suppengemüse
750g Kartoffelstückchen
Salz

Erbsen verlesen, waschen, 12 Stunden einweichen, kalt im Einweichwasser ansetzen, langsam weich kochen. Suppengemüse und Kartoffelstückchen dazu, alles gar kochen, Petersilie und Selleriegrün dazu.

Leipziger Volkszeitung, 28. März 1946

Weizenmehl statt Marmelade

Die Zuteilung von 250g Weizenmehl (normal) erfolgt an Stelle von 530g Marmelade. Im Stadtgebiet wird das Weizenmehl auf die aufgerufenen 3 Marmeladen-Abschnitte über 530g ausgegeben, während im Landkreis die Ausgabe des Mehls gegen die 330g Marmeladen-Abschnitte erfolgt.

DICKE GEMÜSE-GRAUPENSUPPE

500g verschiedene Gemüse nach Jahreszeit
3 l Wasser
Salz
125g Graupen
750g Kartoffelstückchen
Petersilie

Graupen in Wasser ausquellen lassen, Gemüse und Kartoffelstückchen garen, dazutun und kräftig abschmecken. Einlagen für oben beschriebene Suppen sind Brühwürstchen, Fleischklößchen, geröstete Semmelbrocken oder ausgebratene Speck- und Zwiebelwürfel. Zur Aufwertung der Suppen, besonders im Frühjahr, verwendet man recht viel Wildkräuter, wie Brennessel, Melde und Löwenzahn. Alles fein gewiegt kurz in der Suppe ziehen lassen!

LINSENSUPPE, PIKANT

200g Linsen
2 l Wasser
300g Kartoffelstückchen
Salz, Petersilie oder Majoran
Fleischknochen oder Speckschwarten
Essig
3 EL fein geschnittenes Sauerkraut

Linsen waschen, verlesen und einweichen (24 Stunden). Mit den Knochen oder Schwarten im Einweichwasser aufsetzen und langsam weich kochen. Die Kartoffelstückchen dazugeben, kräftig abschmecken und gar kochen. Die Suppe durch ein Sieb rühren. In jeden Teller etwas Sauerkraut geben und darüber die Suppe verteilen. Wer es pikanter mag, gibt noch einige Spritzer Essig dazu.

„Klassenkameraden von mir waren bei einer Plünderung der Silos in Leutzsch dabei, das muß 1947 gewesen sein. Das endete allerdings verhängnisvoll, weil die Leute dachten, sie hätten Mehl erbeutet. Es muß aber eine Art Gips (...) gewesen sein. Jedenfalls gab es in meiner Klasse, aber auch in der ganzen Umgebung, schwere Erkrankungen, weil die Leute das als Mehl aßen. Ahbe/Hofmann

Klöße

GRIESSKLÖSSE

1 l Milch
60g Fett
300g Grieß
1-2 Eier
Salz
Zucker nach Geschmack
Mandel- oder Zitronenaroma

Grieß in Mich anrühren, in das zerlassene Fett gießen und zu einem festen Teig abrühren.
Nach kurzem Auskühlen Eier und Gewürze darunter rühren, kleine Klöße mit zwei nassen Löffeln abstechen und etwa fünf Minuten in Salzwasser gar ziehen lassen.

KARTOFFELKLÖSSE AUS GEKOCHTEN KARTOFFELN

1kg gekochte, geriebene Kartoffeln
150g Mehl oder Grieß
1TL Salz
1 Semmel

Die Semmel in Würfel schneiden und in der Pfanne rösten. Aus den übrigen Zutaten einen Teig herstellen, zu einer Rolle formen, Scheiben abschneiden, einen Semmelwürfel eindrücken und runde Klöße formen. In Salzwasser 20 Minuten ziehen lassen.

KARTOFFELKLÖSSE AUS ROHEN KARTOFFELN

2kg große Kartoffeln
1EL Salz

Ein Drittel der Kartoffeln zu Kartoffelbrei verkochen. Zwei Drittel der Kartoffeln im Wasser reiben (sobald das Wasser braun wird, erneuern, da die Klöße sonst eine bräunliche Farbe bekommen).

Die geriebenen Kartoffeln fest auspressen, mit Salz bestreuen, schnell auseinander zupfen, sofort mit dem dickflüssigen, kochenden Kartoffelbrei übergießen, mit einem Holzlöffel durchrühren, mit nassen Händen Klöße formen, sofort ins kochende Wasser legen und 30 Minuten ziehen lassen.

HEFEKLÖSSE MIT MARMELADENSOSSE

Für die Klöße:
500g Mehl
20g Hefe
etwas Salz
1/2 l Milch oder Wasser
Für die Soße:
150g Marmelade
2EL Wasser
2EL Mehl
etwas Salz

Einen lockeren Hefeteig herstellen und den Teig gut aufgehen lassen. Klöße formen und ca. zehn Minuten im kochenden Salzwasser ziehen lassen. Marmelade etwas verdünnen, mit dem Mehl andicken und heiß über die Klöße geben.

HAFERFLOCKENKLÖSSCHEN

Je einen Eßlöffel gehackte Petersilie und Zwiebeln leicht in „Sonja“ Pflanzenmargarine schwitzen und abkühlen lassen. Ein Ei mit Salz und Muskat schaumig rühren. Petersilie, Ei und vier Eßlöffel zarte Haferflocken mischen, dann etwas stehen lassen. Mit dem Teelöffel aus der Masse geformte Klößchen in langsam kochende Brühe oder klare Suppe legen. Beim Aufsteigen sind die Klößchen gar.

Plinsen

MOKKA-PLINSEN

1 TL Kaffeesatz
(sächs. Bliemchenkaffee)
einige EL Roggen- oder
Weizenmehl
etwas Salz
etwas Backpulver
35 g Zucker

Den Kaffee gießt man mit einer Tasse heißem Wasser auf und läßt ihn erkalten. Die übrigen Zutaten - mit Ausnahme des Zuckers - mit dem Kaffee zu einem dicken Teig verrühren. Eine kleine Pfanne stark erhitzen, mit etwas Zucker ausstreuen und die Plinsen darin backen. Mit einem Topfdeckel umwenden und nochmals etwas Zucker auf die Pfanne streuen.

HOLUNDERKREPPEL

250 g Mehl
1/2 l Milch
1 Ei
Salz
Backfett
8 Holunderblüten

Einen dicken Eierkuchenteig herstellen. Holunderblüten abspülen, abtropfen lassen, den Stengel mit der Blüte nach unten in den Teig tauchen und in siedendem Fett ausbacken lassen. Mit Zucker bestreut auf den Tisch bringen.

BUTTERMILCHPLINSEN

1/2 Liter Buttermilch wird mit einem Ei (oder Eiaustauschmittel) und etwas Salz verquirlt. Nach und nach 250 Gramm Mehl darunter rühren, so daß ein glatter, ziemlich dickflüssiger Teig entsteht. In der Stielpfanne backt man unter Zugabe von etwas Schmalz die Plinsen goldbraun, schichtet sie auf eine vorgewärmte Platte, bestreut sie mit Zimtzucker und schneidet sie bei Tisch wie eine Torte auf. Oder man bestreicht die Plinsen mit verdünnter Marmelade und rollt sie auf.

QUARKKEULCHEN

1 kg Kartoffeln
500 g Quark
200 g Mehl
1 Ei
3 EL Zucker
1 TL Salz
etwas Backpulver
Fett zum Backen
Zucker zum Bestreuen

Kartoffeln in der Schale kochen, schälen, reiben und mit den anderen Zutaten zu einem Teig vermengen, flache Keulchen formen, sofort im Tiegel in dampfendem Fett auf beiden Seiten backen, mit Zucker bestreuen.

„Nach dem Krieg bereitete meine Mutter aus Kartoffeln, etwas Mehl und Süßstoff einen Teig, der, zu kleinen Fladen geformt, auf der heißen Herdplatte gebacken wurde. Wir nannten diese Speise „Quarkkeulchen ohne alles". Herta Z., Dresden

Suppen

MEHLSUPPE

Die zur Verteilung kommenden Suppenmehle (Erbsmehl, Grünkern, Mais usw.) werden mit etwas fein geschnittenem Grünzeug und Zwiebel vermischt, mit Wasser kalt angerührt und mit genügend Brühe aufgekocht, bis es dickt. Etwas Milchpulver und ein bißchen Fett, auch ein kleines Stückchen Knoblauch verfeinern die Suppe. Am Schluß ein paar Brotwürfel mit wenig Fett rösten und darüber streuen.

SUPPE MIT KLÖSSCHEN

Etwas Maismehl und Grieß mischen, mit Milch- und Eipulver anrühren, salzen und mit gerade soviel Flüssigkeit mischen, wie der Teig braucht, um fest zu werden. Einige Minuten stehen lassen. Wasser mit etwas Gemüseresten aufkochen lassen, mit einem Kaffeelöffel vom Teig kleine Klößchen abstechen und in der Suppe ziehen lassen. Mit gehackter Petersilie oder Schnittlauch servieren.

HERBSTSUPPE

1/3 Wurzelwerk
1/3 Rosenkohl
1/3 Kartoffeln
Zwiebeln
Salz
Wasser

Wurzelwerk in kleine Würfel schneiden, Rosenkohl halbieren. Mit kochendem Wasser und Salz ansetzen, nach 10 Minuten die in kleine Würfel geschnittenen Kartoffeln zufügen und garkochen.

SCHWÄBISCHE BROTSUPPE

(Brotsuppe mit Kräutern)

Etwas Porree, Kerbel und Sellerieblätter, etwas Fett, 200-250 g alte Brotreste (von Weiß-, Grau- und Schwarzbrot), 1 Liter Gemüsebrühe oder Wasser, etwas Salz, etwas gehackte Petersilie.
Die kleingeschnittenen Kräuter werden in dem Fett kurz erhitzt, dann gibt man das zerkleinerte Brot hinzu und löscht mit Brühe oder Wasser ab. Man läßt die Brühe so lange kochen, bis das Brot weich ist. Dann wird mit Salz und Petersilie abgeschmeckt.

HAFERFLOCKEN-MÖHRENSUPPE

10 g Fett
60 g Haferflocken
1 l Wasser
200 g geriebene Möhren
etwas Porree
etwas Salz
etwas gehackte Petersilie

Die Haferflocken werden mit dem Fett leicht gebräunt. Dann gibt man das Wasser, die geriebenen Möhren und den zerkleinerten Porree hinzu. Die Suppe wird so lange gekocht, bis die Haferflocken gar sind. Anschließend schmeckt man mit Salz ab und gibt etwas Petersilie hinzu.

DAS REZEPT DES MONATS

Ein feines Suppenrezept

5—10 g Butter erhitzen, darin
50 g Weißbrot (gerieben) oder Mehl anbraten. Brei von
300 g Topinambur zugeben und die Masse mit
5 g Salz verrühren und durchschmoren.
1 l Wasser oder Brühe nach und nach auffüllen, aufkochen, abschmecken und mit gehackten
Kräutern anrichten.

Merkblatt Stadtarchiv Leipzig, ZGS 1945-1990, Nr. 619/20

Achtet auf den Kartoffelkäfer

Der Kartoffelkäfer und seine Larven fressen die Kartoffelpflanze kahl, so daß sie keine Knollen ansetzen kann. Der etwa 1 cm große Käfer erscheint vom Frühjahr an auf den Feldern und ist an zehn schwarzen Streifen auf den gelben Flügeldecken leicht zu erkennen. Seine Larve wird etwa 12 mm lang und hat einen auffallend dicken Hinterleib. Sie ist anfangs rot, später gelblichrot mit schwarzem Kopf und Nackenschild sowie mit einer doppelten Reihe schwarzer Wärzchen und mit schwarzen Beinen.
Wer ihn findet, muß dies dem Bürgermeister oder der Ortspolizeibehörde sofort anzeigen, damit der Bekämpfungsdienst die nötigen Maßnahmen einleiten kann. Besonders wichtig ist das Absammeln der Käfer, Eigelege und Larven von den Pflanzen durch den Suchdienst, der von den Polizeibehörden angeordnet wird.

Kartoffeln

Kartoffeln, auch „Erpern oder Äbern" genannt, bildeten den Hauptbestandteil der Nachkriegsernährung. Zur optimalen Versorgung pro Kopf waren zwei bis drei Zentner für den Wintervorrat nötig. Diese Menge wurde jedoch im Winter 1947/48 nicht erreicht. Vielfach gab es Ersatzmittel wie Marmelade oder Kartoffelflocken. Sehr dramatisch war die Situation im Winter 1946/47, die Knollen erfroren auf den Transporten und gelangten fast ungenießbar an die Verbraucher.

„Einmal wurde ein Waggon erfrorener Kartoffeln an die Bevölkerung verteilt. Manche brannten Schnaps daraus, aber mein Vater schaffte es, Kartoffelkuchen daraus zu zaubern. Wir Kinder haben uns gefreut, es schmeckte und machte satt. Klaus J. Hofmann, Radeberg

„Was gab es für Delikatessen damals! Zum Beispiel abgekochte Kartoffeln. Meine Mutter kochte Kartoffeln ab, um abends Bratkartoffeln zu machen. Ich schlich mich, obgleich ich dabei ein sehr schlechtes Gewissen hatte, heimlich in die Speisekammer und mopste mir immer mal eine geschälte Pellkartoffel. Das war so, als essen wir heute eine Praline. Eine kleine abgekochte Kartoffel war ein Gedicht. Ahbe/Hofmann

„Es sollte dafür Sorge getragen werden, daß in der Zeit vor und während der (Leipziger) Messe die Lebensmittelversorgung besonders gut klappt. Die sowjetische Seite erklärte sich bereit einzugreifen, wenn die Anlieferungen von Lebensmitteln, insbesondere hinsichtlich der Kartoffeln nicht klappte.

Hartmut Zwahr

„Erneut treffen (Oktober 1945) größere Mengen Kartoffeln für die Leipziger Bevölkerung ein. Werktätige Bauern und Landarbeiter der Kreise Borna, Grimma und Wurzen organisieren diese Solidaritätsaktion auf Initiative der KPD. Viele der anrollenden Wagen sind geschmückt und tragen Spruchbänder wie „Stadt und Land - Hand in Hand." A. Alther

„Sie fragen mich nach meinen Erinnerungen an meine Kindheit nach 1945. Erst die schlechte: Regelmäßig mußten im Winter die eingelagerten Kartoffeln nach fauligen Knollen durchsucht werden. Ein Horror: In den dunklen, muffigen Keller steigen, eine Kerze spendete Schummerlicht. Dann jede Kartoffel herausnehmen, kontrollieren und die guten wieder einlagern. Ganz eklig, wenn man in eine faule Kartoffel faßte. Mein 13jähriger Bruder erlaubte sich einen Scherz. Er versteckte sich im Keller und stöhnte schrecklich, während wir vor Angst starr vor der Kartoffelkiste saßen.
Ich fiel in Ohnmacht (was damals bei der schlechten Ernährungslage an der Tagesordnung war), wachte, umsorgt von meiner Mutter, auf dem Küchensofa auf. Und nun die gute Erinnerung: Nach diesem Schreck mußte ich nie mehr in den Keller zum Kartoffelsortieren. Ella K., Pillnitz

„Der große Hunger begann 1947, als die Kartoffeln aufgegessen waren. (...) Manchmal dachte ich in der Schule, ich falle vor Hunger um. Bis 1948 ging das. Wegen des großen Hungers teilte man den Lehrern in Nadelwitz (nahe Bautzen) ein Feld zu. Wir bauten vor allem Kartoffeln an.
(...) Als die Ernte kam, wurde viel gestohlen. Tagsüber hielten zwei Lehrerinnen und nachts zwei Lehrer Wache. Keller/Rook

Volksstimme, 19. Januar 1946

Kartoffeln strecken

Speisekartoffeln sind sparsam zu verbrauchen. Zusätzliche Mengen können vom Kreisernährungsamt nicht ausgegeben werden. Die eingekellerten 50 kg müssen bis Ende Februar 1946 reichen. Wer 84 kg eingekellert hat, muß bis Ende Mai damit auskommen.

Volksstimme, 20. Februar 1946

Kartoffelflocken an Stelle von Speisekartoffeln

Verbraucher, die frische Speisekartoffeln nicht erhalten können, erhalten als Ersatz Kartoffelflocken.

KARTOFFELTETSCHER
(Sächsische Spezialität)

Unter geriebene gekochte Kartoffelreste mischt man je nach Zuteilung: Wurst- oder Fleischreste, Quark- oder Käsestückchen, Zucker, getrocknete oder frische (nicht allzu saftige) Früchte, auch fein geschnittene Apfelschalen, geriebene Möhren oder Sellerie u.ä.
Alles gut verkneten, zu Fladen formen und auf einem Blech in der Ofenröhre oder auf der heißen Herdplatte backen (ähnlich wie Quarkkeulchen).

STOPPELFUCHS

1 1/2 kg Kartoffeln
1/2 Tasse Milch
entsteinte Pflaumen
oder Kompott
3-4 durchgeschnittene
Pflaumenkerne
Zucker

Die rohen Kartoffeln reiben und mit der Milch vermischen. Die Masse etwa drei cm hoch in eine ausgefettete Bratpfanne füllen, darauf entsteinte Pflaumen sowie die zerschnittenen Pflaumenkerne legen und zugedeckt 20-30 Minuten backen lassen. Statt Pflaumen kann man auch irgendein Kompott nehmen oder etwas Saft darüber gießen. Nach dem Backen mit Zucker bestreuen.

FALSCHE BRATHERINGE

Sie verwenden hierzu drei mittelgroße gekochte Kartoffeln, zwei mittelgroße rohe, geriebene Kartoffeln, etwas Hefeflocken, eine Prise Salz und etwas Pfeffer. Alles gut verrühren und daraus kleine Bratlinge in Fischchenform formen und diese in etwas Fett braun braten. Dann eine Essigtunke mit Zwiebel und Lorbeerblatt aufkochen und heiß über die Bratlinge geben. Wenn alles gut durchgezogen und erkaltet ist, wird das Gericht mit Pellkartoffeln serviert.

„An die schlechten Zeiten kann ich mich noch gut erinnern. Vor allem an die „Bratheringe", die es zu meiner Konfirmation als Festessen gab.

Gabriele Kötz, Leipzig

SAURE KARTOFFELSTÜCKCHEN

100g Mehl
2kg Kartoffeln
1 saure Gurke
1l Brühe oder Wasser
1TL Zucker
Essig
Salz

Kartoffeln kochen, in Stückchen schneiden und warm stellen. Saure Gurke würfeln. Aus den restlichen Zutaten eine dicke Tunke herstellen, die Gurke untermischen, alles über die Kartoffelscheiben gießen und das Gericht etwas durchziehen lassen.

VERWENDUNG VON KARTOFFELSCHALEN

Salzkartoffeln kamen sehr selten auf den Tisch, meist wurden Pellkartoffeln gekocht, damit der Abfall möglichst gering gehalten werden konnte. Im Frühjahr und Frühsommer mußten jedoch auch unansehnliche, teils angefrorene, fleckige und schädlingsbefallene Kartoffeln verwendet werden. Die Schalen ließ man nicht umkommen. Sie wurden getrocknet, zu Kartoffelmehl verarbeitet, als Knäckebrot gebacken oder auf der Herdplatte zu einer Art Kartoffel-Chips geröstet.

Gegen den häufigen Verzehr von Kartoffelschalen gab es erhebliche gesundheitliche Bedenken. Die Schalen enthielten einen gewissen Anteil an Kork, der auf die menschliche Verdauung stopfend wirkte.

„Kartoffelschalen warf man nicht weg. Sauber gewaschen und getrocknet konnte man diese zum Andicken von Soßen und Suppen verwenden. Wir haben die Schalen auch auf der Herdplatte getrocknet, es gab eine Art Puffer, die wir „Ofenklitscher" nannten.

Ingeborg Schramm, Böhlitz-Ehrenberg

Merkblatt „Peter-Presse" zu Leipzig, o. J.

Einkellern von Kartoffeln

Alle im Keller gelagerten Vorräte bedürfen einer besonderen Überwachung und müssen mindestens jede Woche einmal durchgesehen werden, wobei Anfälliges aussortiert und sofort weiterverwendet wird. Das Einkellern von Kartoffeln muß mit Sorgfalt vorgenommen werden. Die Knollen müssen völlig trocken sein und peinlich ausgelesen werden. Alle irgendwie beschädigten Kartoffeln werden zum baldigen Verbrauch herausgenommen.
Die bekannten Kartoffelkisten aus Lattenrost mit schrägem Abfallboden erfüllen ihren Zweck sehr gut. Durch das beständige Nachrutschen bleiben diese in Bewegung und durch die luftige Lagerung vor Fäulnis bewahrt. Auch eine Kellerecke eignet sich sehr gut zur Unterbringung von Kartoffeln. Nötig ist dabei ein Holzrost, auf dem die Kartoffeln gelagert werden, so daß sie von unten her luftig liegen. Die Ecke wird vorteilhafter weise durch einen vorgesetzten Bretter- oder Lattenzaun abgeschlossen.
Es reicht den Kartoffeln nicht zum Schaden, wenn sie in der Nähe von Kohlen gelagert werden, da Kohlenstaub konservierend wirkt. Ausprobiert und sehr günstig für die Haltbarkeit und gegen Fäulnisbildung sind auch käufliche Konservierungsmittel. Der Keller muß gut gelüftet, jedoch vor Frost geschützt werden.

Gemüse

Der eigene Anbau von Gemüse im Garten oder auf anderen verfügbaren Plätzen wurde immer wieder angeregt.

Tägliche Rundschau, 20. Juni 1945

Was können wir noch säen?

Die regnerische Witterung der letzen Tage ist für Pflanzarbeiten gerade günstig. Alles vorhandene Saat- und Pflanzgut von Gemüse - Weiß- und Wirsingkohl, Blumenkohl, Kohlrabi, Kohlrüben und Salat - kann und muß sofort ausgesät bzw. ausgepflanzt werden. Das darf jedoch nur auf den für Gemüseanbau geeigneten Böden geschehen ... Für den Anbau von Buschbohnen ist bis spätestens Mitte Juli noch Zeit. Der Anbau von Freilandgurken verspricht auf gut vorbereiteten Böden noch beachtliche Erträge.

Die Nutzung aller bebaubaren Flächen war ein Gebot der Stunde. So wurden Plätze, Vorgärten, Sportplätze und Schulgärten umgegraben und bepflanzt. Ganze Kohlfelder entstanden auf den Sportplätzen.

Sächsische Zeitung, 17. April 1946

Verkauf von Erbsen- und Bohnensaatgut an Kleinverbraucher

Erbsen- und Bohnensaatgut an Kleinverbraucher darf ab sofort nur noch gegen Nachweis einer vorhandenen Gartenfläche abgegeben werden. Die unteren Verwaltungsbehörden werden angewiesen, den Kleingärtnern und Brachlandbewirtschaftern Bescheinigungen auszustellen, aus denen die Größe des zu bearbeitenden Gartens hervorgeht. Die Ausgabe einer solchen Bescheinigung ist auf dem Haushaltspaß zu vermerken. Dem Samenhandel ist der Verkauf an Kleinverbraucher ohne entsprechenden Flächennachweis verboten.

Landesverwaltung Sachsen
Landwirtschaft, Handel, Versorgung
gez. Wessel, Staatssekretär

Betrieb

Dresden (SZ).
bebaut. Die Drewag

Volksstimme, 11. Januar 1946

Schon mehr Auswahl auf dem freien Markt

Am Donnerstag wurde in der Großmarkthalle wieder ein freier Markt abgehalten. Erfreulich war, daß diesmal die Zufuhren gegenüber dem ersten freien Markt bedeutend stärker waren. Diesmal wurden 5 000 kg Möhren, 1 600 kg Kohlrabi, 1 500 kg Grünkohl, 200 kg Sellerie und 175 kg Rote Rüben angeboten. Die Zahl der Kauflustigen war natürlich wieder sehr groß. Da die Mengenabgabe rationiert worden war, ist der größte Teil der Männer und Frauen, die sich frühzeitig angestellt haben, zu dem begehrenswerten Gemüse gekommen.

„In unserer alteingesessenen Leipziger Familie wurde in Friedenszeiten oft das Nationalgericht „Leipziger Allerlei" gegessen. Eltern und Großeltern schwärmten immer davon, wie schmackhaft dieses Gericht aus Hühnerfleisch, Butter, Blumenkohl, Spargel, Erbsen, aber auch Morcheln oder Krebsen gewesen war.
Wir Kriegskinder kannten dieses Essen natürlich nicht, und meine Mutter nannte dann das, was wir täglich aßen, „Leipziger Einerlei". In kochendes Wasser wurden einige rohe Kartoffeln gerieben, kurz aufgekocht, einige Gemüseschnipsel dazu und dann auf den Teller geschüttet. Man mußte die Suppe sofort essen; wenn sie kalt wurde, gerann sie wie Pudding.

Marianne H., Leipzig

orgen für besseres Essen

rieb Hönisch wurden 10- bis 15 000 Quadratmeter Brachland
t im Ostragehege 70 000 Quadratmeter Land. Durch Verhand-
rwaltung konnte 6- bis 7000 Quadratmeter Land den Betriebs-

LEIPZIGER EINERLEI - NACHKRIEGSREZEPT

1 l Wasser
3 große rohe geriebene Kartoffeln
Salz, Majoran, Petersilie

Das Wasser zum Kochen bringen. In das kochende Wasser die Kartoffeln reiben, einmal kurz aufkochen lassen, Gewürze dazu und sofort heiß servieren.

KOHLRABI

Kohlrabi, Oberrüben oder Kohlrüben gibt es fast das ganze Jahr hindurch. Nicht nur die Knollen, auch die frischen Blätter schmecken, wie Spinat oder Wirsing zubereitet, ausgezeichnet. Die großen Winterkohlrabi sind zuweilen scharf. Das läßt sich durch Zugabe von etwas Milch ändern. Auch durch Dämpfen der zerschnittenen großen Knollen kann der Geschmack gemildert werden.

1948 habe ich eine Lehre als Schneiderin begonnen. Meine Oma gab mir immer eine Bemme mit. Eines Tages fühlte sich das Frühstücksbrot ganz dick an, ich hoffte schon auf die doppelte Portion. Nein, es war „Gärtnerwurst", nämlich eine dicke Scheibe gekochter Kohlrabi war zwischen die Brotscheiben gelegt. Hat aber gut geschmeckt.

Rosemarie Höhne, Langen

GRÜNES KOHLRABIGEMÜSE

750 g Kohlrabi
1/2 l Wasser
30 g Butter
15 g Mehl
Salz

Für dieses Gericht kommen nur junge Kohlrabi in Frage. Die Blätter von den Stengeln abstreifen, waschen und dämpfen. Die Knollen schälen und zerteilen, in 1/8 l Wasser, der Butter und wenig Salz dünsten. Das Mehl überstäuben, mit dem restlichen Wasser auffüllen. Die weich gedämpften Blätter grob hacken und dazugeben.

GEFÜLLTE KOHLRABI

Geschälte Kohlrabi halbweich dämpfen, aushöhlen und mit einer Masse aus geriebenem Weißbrot, Zwiebel, Ei und Gewürzen, mit etwas Milch verrührt, füllen und 20 Minuten in einer Auflaufform garen.

KOHL UND SAUERKRAUT

Im Herbst wurde überall Sauerkraut eingestampft. In unserem Dorf war das eine Gemeinschaftsarbeit. Die Frauen haben die Steintöpfe gewaschen, die Männer raspelten den Kohl auf einem riesigen Krauthobel. Selbst die Kohlstrünke wurden noch zu Gemüse verwertet. Als Gewürze kamen Meerrettich, Wacholderbeeren, etwas Salz und manchmal auch Zwiebeln dazu. Alles wurde mit einem Tuch abgedeckt und mit einem großen Stein beschwert. Nach etwa drei Wochen konnte man das Sauerkraut kosten. Nach meiner Erinnerung schmeckte es herrlich.

Mein Mann schleppte als Student einen Sack Kohlköpfe von Greifswald nach Leipzig. Gabriele Kötz, Leipzig

„Gleich nach dem Kriege hatten einige Familien noch einen kleinen Vorrat an „Friedensschnaps", der in winzig kleinen Gläsern, etwa Fingerhutgröße, an die Männer verteilt wurde, wenn wieder ein Faß oder Steintopf eingestampft und gefüllt war. Greta M., Görlitz

GEDÜNSTETES SAUERKRAUT

500g Sauerkraut
1 Zwiebel
50g Fett
einige Wacholderbeeren
Salz, Pfeffer

Sauerkraut grob hacken, einen kleinen Teil davon zugedeckt zur Seite stellen. Zwiebel würfeln und in Fett erhitzen, Kraut und Gewürze zugeben, gar dünsten. Nach Geschmack auch etwas Zucker, Apfelschnitze, Pflaumen oder einige Rosinen zugeben. Wird das Kraut sämig gewünscht, dann eine rohe geriebene Kartoffel zugeben und noch einmal kurz aufkochen lassen. Kurz vor dem Auftragen das rohe Kraut untermengen.

HAFERFLOCKENWÜRSTCHEN

150g Haferflocken
1/2 l heißes Wasser
1-2 EL Mehl
Salz
Haferflocken oder
getrocknete Kräuter

Haferflocken mit heißem Wasser überbrühen und zugedeckt quellen lassen, nach 20 Minuten mit den anderen Zutaten vermischen. Die Masse auf ein Brett mit Mehl oder geriebener Semmel geben, Würstchen formen und in einer eingefetteten Pfanne backen. Auf gedünstetem Sauerkraut anrichten.

SAUERKRAUT-EINTOPF MIT KÜRBIS

750g Kürbis
500g Sauerkraut
250g Lauch oder
einige Zwiebeln
1kg Kartoffeln
250g rote Tomaten
Salz, Petersilie
Wasser oder Brühe

Kürbis würfeln, Sauerkraut und Lauch schneiden, in dem Fett das Gemüse andünsten und mit der Flüssigkeit auffüllen. Später die geschälten, gewürfelten Kartoffeln, zum Schluß die geviertelten Tomaten zugeben, abschmecken und mit Petersilie anrichten.

PIKANTER SAUERKRAUTSALAT

250g Sauerkraut
100g Äpfel
2 EL Öl
Kümmel

Kraut grob hacken und kurz in Öl erhitzen. Nach dem Erkalten die geschnitzelten Äpfel untermischen und würzen. Zur Abwechslung können auch kleingeschnittene Pflaumen oder Birnenschnitze sowie Rosinen verwendet werden.

WARMER KRAUTSALAT

Weiß- oder Rotkohl sehr fein schneiden und in einem Sieb mit kochendem Wasser überbrühen. Abtropfen lassen. Essig mit Wasser verdünnen, mit Kümmel, Salz und Zucker vermischen, erhitzen und heiß über den Kohl gießen. Der Salat schmeckt noch besser, wenn man etwas zerlassenes Fett oder kleingewürfelten Speck zugeben kann.

KÜRBIS

Ein ausgereifter Kürbis imponierte den hungrigen Menschen schon durch seine Größe und versprach eine Magen füllende und sättigende Speise. Kürbis wuchs auf Schutthalden, Komposthaufen und an Gartenzäunen der Kleingärten. Und sogar auf den Balkonen in den Großstädten.

„Eine große Rolle spielte bei uns der Kürbis, er brachte die nötige Masse ohne viel Mühe, außerdem wurde jeder Kürbiskern ausgepult.

Charlotte Müller, Liebertwolkwitz

Kürbis fiel in großen Mengen an und mußte verarbeitet und konserviert werden. Eine zeitraubende und mühsame Arbeit bedeutete **„Kürbis wie Ananas"** haltbar zu machen. Der geschälte Kürbis wurde in kleine Stücke geschnitten und in ganz wenig Wasser gegart. Er durfte nicht zu weich werden. Die Kürbisstückchen aus der Brühe nehmen und die Flüssigkeit mit Zucker und Ananasaroma kurz aufkochen. Kürbis in ein Weckglas geben und die aufgekochte Flüssigkeit darüber gießen. In den nächsten Tagen immer wieder den Vorgang wiederholen: Flüssigkeit abgießen, aufkochen und wieder über den Kürbis geben. Es entsteht nach und nach ein dicker Sirup, der die Kürbisstückchen glasiert. Zum Schluß legt man die Stückchen auf eine Platte und läßt sie unter häufigem Umwenden trocknen.

Kürbis-Träume

Von den Balkonen winkten die Tomaten
Und der Tabak grünt auf dem Fensterbrett.
Wenn das so weiter geht, dann macht der Spaten
Aus jeder Wohnung noch ein Spargelbeet.
Mein Nachbar hat gar eine Kürbispflanze
In luft'ger Höh gezogen frank und frisch!
Ja, der Städter geht nun mal aufs Ganze!
Er denkt, bei einem Kürbis lohnt es sich.
Ein Pfund Tomaten kann vielleicht man kriegen
Auf Abschnitt Ge-eins, zwei, drei oder vier,
Doch 'nen ganzen Kürbis abzuwiegen,
fällt sehr schwer - also zieh ihn selber dir.

DAS REZEPT DES MONATS

Gefüllter Kürbis SEHR FEIN

Am besten einen kleinen, länglichen Kürbis von etwa 1 kg Gewicht wählen. Ist die Schale hart, muß sie entfernt werden. Einen Deckel oder die beiden Enden abschneiden, den Kürbis innen aushöhlen, 2—4 Stunden einsalzen. Vor dem Weiterverarbeiten abtropfen lassen. Gehacktes von Fleisch oder Fisch, von Pilzen oder Sellerie mit Semmel-, Grieß- oder Schrotteig vermengen, gut würzen mit Salz, Kräutern oder Zwiebel, Gurkenwürfeln oder Kapern, Paprika, Pfeffer oder Kümmel. Füllung fest in die Höhlung einstreichen. Nach Wunsch den abgeschnittenen Deckel auflegen und festbinden. Kürbis anbraten, Wasser oder Brühe auffüllen, garschmoren. Dazu Kartoffelbrei und Tomatentunke. Festfleischige, grüne Kürbisse sind besser geeignet als die rotfleischigen.

KÜRBISPUFFER

500g Kürbis
500g Kartoffeln
30g Mehl
Salz, Bratfett

Kürbis und Kartoffeln schälen und roh reiben, mit Mehl oder Haferflocken vermischen. Fett erhitzen und löffelweise den Teig hineingeben, breit drücken und beidseitig braten. Die Puffer werden knuspriger, wenn unter den Teig ein Ei oder etwas Quark gegeben wird.

KÜRBIS-KARTOFFELBREI

Kürbis schälen, dünsten und zerstampfen, unter fertigen Kartoffelbrei mischen und mit viel gebräunten Zwiebelringen anrichten.

RÜHREI AUS KÜRBIS

750g geraspelter Kürbis
500g geriebene, gekochte Kartoffeln
1 Zwiebel
Salz, Pfeffer

Zwiebel in etwas Fett rösten, die übrigen, gut vermengten Zutaten dazugeben und unter ständigem Rühren 20 Minuten in einem Tiegel braten. Zum Schluß etwas Mehl darüber stäuben und nochmals erhitzen.

MÖHREN

» *Im Sommer 1946 hatten wir eine ganz gewaltige Möhrenernte. In der Südstraße, im Peterssteinweg standen vor den Lebensmittelgeschäften riesige Stapel mit Kisten voller Möhren, die von der Straßenbahn ausgefahren wurden. Möhren gab es wie Sand am Meer. Alle Hausbewohner saßen im Hof und putzten Möhren. Die Gläser reichten nicht, um sie einzuwecken. Später legten wir die Möhren in Salzlake ein.*

Ahbe/Hofmann

» *Es hieß immer, man solle sehr viel rohe Möhren essen, damit man keine Würmer bekam, die damals fast alle Kinder hatten. Viele Menschen mußten Wurmkuren machen und ziemlich große Tabletten schlukken. Das war eklig, da haben Möhren doch besser geschmeckt.*

Marita K., Dresden

MÖHREN MIT QUARK, SÜSS

250g Möhren
1 Ei
60g Zucker
250g Quark
Nüsse oder gehackte Pflaumenkerne

Möhren putzen und raspeln, Ei und Zucker schaumig rühren, löffelweise den durch ein Sieb gedrückten Quark beifügen. Ist die Masse zu fest, ein wenig Milch oder Wasser zugeben. Mit den Kernen bestreuen.

MÖHREN-EIERKUCHEN

500 g Möhren
1/2 l Milch oder Wasser
250 g Mehl
1–2 Eier
Salz

Die gewaschenen, geschälten Möhren reiben. Aus Mehl, Milch und Salz einen Teig herstellen und dünne Eierkuchen backen. Die Möhrenmasse auf die Eierkuchen verteilen und zusammenklappen.

Wer ein Stück Land, das 12 Meter lang und 11 Meter breit ist, richtig bewirtschaftet, gewinnt hieraus soviel Kartoffeln, Gemüse und Obst, wie er normalerweise im halben Jahr verbraucht!

MÖHRENKRAUT ALS GEMÜSE

Die inneren Blätter der jungen Möhren ergeben ein schmackhaftes Gemüse. Das Kraut waschen, kurz dämpfen, fein schneiden und in etwas Fett und kleingehackter Zwiebel dünsten. Mit Salz und Pfeffer würzen. Kurz vor dem Servieren etwas rohe Möhre darüber reiben.

APFEL-MÖHREN-SALAT

200 g Äpfel
300 g Möhren
Zitronensaft oder Essig
Zucker, Salz
evtl. Nüsse

Die vorbereiteten Möhren und Äpfel reiben oder schnitzeln, mit Zitronensaft oder Essig und Zucker abschmecken. – Auch Dillsamen, Meerrettich- oder Zwiebelwürfelchen sind zum Würzen geeignet.

MÖHREN

(für den Winter aufzubewahren)

Möhren sortieren. Zerbrochene oder madige Wurzeln sofort verbrauchen. Unbeschädigte Möhren ungewaschen in einen Eimer oder eine Kiste legen. Feinen trockenen Sand darüber streuen. Schicht für Schicht auffüllen und im Keller kühl und dunkel aufbewahren. Bei Bedarf die Möhren von oben entnehmen.

RADIESCHEN (sächs. Radiesel)

RADIESELSALAT

250g Radiesel
1TL Zitronensaft oder Essig
3EL Sahne oder Milch
Salz

Die vorbereiteten Radiesel in Scheibchen schneiden oder raspeln, mit Salz, Zitronensaft und Sahne oder zwei Eßlöffel Öl vermengen und anrichten.

RADIESELKRAUT ALS GEMÜSE

Im Frühjahr läßt sich das zarte Grün der Radieseln wie Spinat zubereiten. Mit gebräunten Zwiebelwürfeln anrichten und zu Kartoffelbrei reichen.

RADIESELSUPPE

500g Radiesel
10g Fett
1EL Mehl
2 rohe Kartoffeln
1 1/2 l Wasser
gehackte Petersilie
Salz

Radiesel putzen, waschen und in Scheiben schneiden. In einem Topf die Scheiben mit Mehl bestäuben, mit etwas Fett anrösten und mit Wasser auffüllen. Die geschälten Kartoffeln in Würfel schneiden, dazugeben und in der Suppe weich kochen lassen. Mit Salz und Petersilie abschmecken.

ROTRÜBEN, ROTE RÜBEN ODER ROTE BETE

Dieses winterliche Gemüse sollte häufiger auf dem Küchenzettel zu finden sein. Hier die richtige Vorbereitung: Vor dem Waschen der roten Rüben die Blätter entfernen, aber nicht den Blattansatz abschneiden. Die Knollen lassen sich roh schälen, aber auch nach dem Kochen oder Dämpfen entsprechend zerkleinern. Sehr schmackhaft sind die roten Rüben, wenn sie ganz oder halbiert im Ofen bei mäßiger Hitze gebacken werden.

Garten und Siedlung, März 1949

Junger Kopfsalat

Man pflückt den Kopf auseinander, wäscht die Blätter gründlich, läßt sie abtropfen und richtet ihn erst kurz vor dem Essen an. Man kann den Salat süß mit Zucker und Essigwasser abschmecken oder mit Salz, etwas Pfeffer, Essig und gehackten Kräutern.

Garten und Siedlung, März 1949

Rettichsalat

Rettich schälen und raspeln, eine kleingeschnittene Zwiebel dazugeben, mit Essig, Salz und etwas Zucker abschmecken und eine Stunde durchziehen lassen.

ROTKRAUT AUS ROTEN RÜBEN

1kg rote Rüben
20g Fett
40g Mehl
1/2 l Wasser
1 Zwiebel
2 EL Zucker oder 1 Tabl. Süßstoff
Salz
Essig

Die gegarten roten Rüben abziehen und raffeln, von Fett, Mehl und Wasser eine Tunke herstellen und die Rüben zugeben. Mit den Gewürzen abschmecken, zehn Minuten ziehen lassen und zum Schluß mit einer kleinen roh geriebenen Rübe aufwerten. Mit Pellkartoffeln zu Tisch geben.

ROTRÜBENSALAT

500g rote Rüben
1 EL Essig
Salz
Gewürze

Die garen Rüben schälen, in Scheiben schneiden, schnitzeln oder reiben. Essig mit Wasser verdünnen, die Rüben salzen und die Gewürze zufügen. Als Gewürze kommen in Frage: Kümmel, Meerrettichwürfel oder Zwiebelscheiben.

Die schöne rote Farbe erweckte viele Erinnerungen, z.B. an „Rote Grütze" aus Beerenfrüchten. Als Notrezept hier **„Rote Grütze von roten Rüben".** Rüben schälen, reiben und 15 Minuten im Wasser kochen, alles durch ein Sieb streichen und den Saft aufkochen. Mit Nährmittel wie Sago, Haferflokken, Grieß oder Schrot andicken und mit Zucker oder Süßstoff und Geschmacksaromen wie Zitrone, Erdbeeren oder Himbeeren aromatisieren. In den Zeitungsbeilagen „Für die Hausfrau" fand ich auch ein Rezept **„Kakao aus roten Rüben".** Rote Rüben fein raspeln und in der Ofenröhre trocknen. Die harten Schalen in der Kaffeemühle zu feinem Pulver mahlen und nochmals kurz in der Pfanne rösten. Mit Milch oder Wasser aufkochen, etwas Zucker und Vanille- oder Zimtaroma zugeben. Man erhält ein wohlschmeckendes, kakaoähnliches Getränk.

Frischer Kopfsalat

Vier Wochen braucht ein Kopf
Salat.
Um kräftig anzuschwellen.
Dann hat er sich im Dezernat
Für Grünkram vorzustellen.

Hat er besonders großes Glück.
Dann wird er gleich behandelt
Und in ein buntes Aktenstück
Mit Stempeln umgewandelt.

Nun geht ein neues Leben los.
Ein aufgeregtes Leben:
Er wird in acht bis zehn Büros
Von Hand zu Hand gegeben.

Er wird karteit und kartothekt.
Gesiegelt und benummert
Und dann in einen Schrank gelegt.
In dem er sanft entschlummert.

Hier bleibt er bis zum ersten Schnee
Verwelkt nach Vorschrift liegen.
Dann kann man ihn auf Abschnitt C
Als Salzgemüse kriegen!

Hanns-Erich Richter

STECK- ODER KOHLRÜBEN

Die Kohl- oder Steckrübe war das typische „Hungergemüse" des Ersten Weltkrieges. Millionen Deutsche überlebten eher schlecht als recht, indem sie morgens, mittags und abends Gerichte aus Rüben aßen. Der strenge Geschmack blieb vielen in grausiger Erinnerung. In der Zeit nach dem Zweiten Weltkrieg mußten die Hausfrauen wieder mit Phantasie und vielen Tricks versuchen, diesem Gemüse ohne eine gehörige Portion Speck, Wurst oder Sahne einen angenehmen Geschmack zu geben. Hierzu folgende Tips.
Vorbereitung: Die Kohlrüben mit der Bürste waschen und dick schälen. Junge, angenehm riechende Knollen können sofort, zum Beispiel für Salat, verarbeitet werden, alte dagegen sollte man erst in große Stükke schneiden und weich dämpfen oder in schwach gesalzenem Wasser kochen. Kochen Sie Kohlrüben entgegen der üblichen Regel bei offenem Topf, dann verschwinden der beißende Geschmack und die blähende Wirkung.

KOHLRÜBEN-EINTOPF

1 1/2 kg Rüben
500 g Kartoffeln
1 Zwiebel
1 Knoblauchzehe
1/2 l Wasser oder Brühe
1 EL Mehl
100 g Speck
etwas Majoran und gehackter Schnittlauch

Rüben schälen, in Würfel schneiden und in der Brühe fast weich kochen. Die geschälten und gewürfelten Kartoffeln zugeben und ebenfalls weich kochen. Den gewürfelten Speck in einer Pfanne auslassen und die kleingeschnittene Zwiebel und die zerdrückte Knoblauchzehe anbraten. Mehl darüber stäuben und anbräunen. Zum Gemüse geben, würzen und alles noch einmal kurz aufkochen lassen.

BRAUNES KOHLRÜBENGEMÜSE

1 kg Kohlrüben
40 g Fett
40 g Zucker
1/2 l Brühe
5 g Stärkemehl

Die vorbereiteten Kohlrüben in Stifte oder Würfel schneiden. Auch Kugeln können ausgestochen werden. Das Fett erhitzen, den Zucker zugeben, sobald er sich bräunt, die Kohlrüben beigeben und durchrühren. 1/8 Liter heiße Brühe auffüllen und die Rüben dünsten. Dabei öfter den Topf schütteln. Nach 15 Minuten die restliche Brühe zugießen und das Gemüse weich kochen. Das kalt angerührte Stärkemehl zugeben und alles noch einmal aufwallen lassen. Das Gemüse kann mit Kräuteressig oder Kochwein, auch mit einem Eßlöffel Weinbrand oder Sirup abgeschmeckt werden.

WINTERLICHER EINTOPF

Porree in etwas Fett anrösten, dann die doppelte Menge an geschnittenem Weißkohl und zerteilten Mohrrüben hinzugeben, Wasser oder Knochenbrühe dazugießen und das Gemüse garen. Später zerdrückte Pellkartoffeln zugeben und mit Salz und Petersilie würzen.

SELLERIE

Sellerie, das typische Wintergemüse, läßt sich vielfältig verwenden. Die Schalen ergeben - sauber gewaschen - eine kräftige Brühe. Schalen und Kraut lassen sich auch trocknen. Fein gerieben verfeinern sie in der gemüsearmen Zeit jede Kartoffelsuppe.

SELLERIEMUS

500 g Sellerie
500 g Kartoffeln
3/8 l Salzwasser
20 g Butter oder Margarine
20 g Semmelbrösel
etwas Sahne oder Milch
(wenn vorhanden)

Sellerie und Kartoffeln waschen, in Stücke schneiden, in Salzwasser weich kochen und durch ein Sieb rühren. Das Mus mit Sahne oder Milch verrühren und mit in Butter braun gebratenen Semmelbröseln anrichten.

SELLERIESCHNITZEL
(panierter Sellerie)

500 g Sellerie
100 g geriebenes Schwarzbrot
1 Ei oder 3 EL Milch
etwas Fett zum Braten
Salz, Pfeffer

Sellerieknolle schälen und in Salzwasser nicht zu weich kochen. Die Knolle so zerteilen, daß schnitzelähnliche Scheiben entstehen. Altes Brot fein reiben, mit Ei und

Milch verquirlen, die Selleriescheiben darin wälzen und in wenig Fett langsam braten, bis die Kruste schön braun ist. Aus den übrig gebliebenen Selleriestückchen und den sauber gewaschenen Schalen läßt sich mit Möhren und Kartoffeln eine würzige Suppe herstellen.

TOMATEN

FALSCHES HIRN

Grüne, unreife Tomaten ganz klein schneiden. Zwei Zwiebeln würfeln, in wenig Fett dünsten und zu den Tomatenstückchen geben. Unter ständigem Rühren, am besten mit einer Gabel, garen und ein verquirltes Ei darüber geben. Mit Salz und Pfeffer würzen und gut durchrühren.

TOMATENAUFLAUF MIT BROT

Tomaten in Scheiben schneiden. Brot würfeln und mit geschnittener Zwiebel und gewiegter Petersilie in Fett anrösten. In eine gefettete Form abwechselnd Tomatenscheiben und Brotwürfel schichten. Das Ganze mit einem Teig aus Mehl, Wasser und Salz übergießen und im Ofen eine knappe Stunde backen.

GEBRATENE TOMATEN

8 Tomaten
1 EL Mehl
1 Ei
2 EL Semmelmehl
30g Butter
Salz

Schnittfeste Tomaten halbieren, Stielansatz ausschneiden und salzen. Die Schnittflächen erst in Mehl, dann in verschlagenes Ei tauchen und im Semmelmehl wenden. Zu Schnitzeln formen und in der Butter goldbraun braten.

GEFÜLLTE TOMATEN

10g Fett
Zwiebel
1 1/2 kg Tomaten
Salz
1 EL Mehl
nach Belieben gehackte Petersilie
Füllung:
100g Hackfleisch oder Bratenreste
Kartoffelbrei oder
60g gekochter Reis

Feste runde Tomaten aushöhlen, leicht salzen, füllen, in Fett 10 Minuten dünsten. Aus Fett, Tomateninnerem und Mehl eine Soße herstellen.

Obst

„Ich kann mich noch entsinnen, es kam ein Aufruf, daß Kinder bis zu fünf Jahren ein Kilo Äpfel bekommen sollten. Ich weiß noch, daß wir lange vor dem Laden standen und auf den Händler warteten. Der hatte die Berechtigung, seinen einachsigen Autoanhänger an die Straßenbahn anzuhängen. (...) So fuhr er bis in die Großmarkthalle und holte die Äpfel. Als er zurückkam, riss ihm die Menge das Obst fast aus den Händen. Ahbe/Hofmann

„Man sah auch im Herbst kaum einen Apfel oder eine Birne unter den Bäumen liegen. Alles wurde verarbeitet oder gleich roh verzehrt. Nichts kam um. Schade, daß nur solche schweren Zeiten die Leute zum Sparen erziehen.

Sigrid Kasper, Dresden

APFELPLÄTZCHEN

500 g gekochte, geriebene Kartoffeln
250 g grob geraspelte Äpfel
3 EL geröstete Haferflocken
1 EL Zucker
1 Prise Salz

Äpfel, Kartoffeln und Haferflocken mit Salz und Zucker mischen. Kleine Plätzchen formen und in der Pfanne mit wenig Fett backen. Wenn vorhanden, mit Zucker und Zimt bestreuen.

APFELSUPPE

Äpfel, auch Fallobst, schälen, zerkleinern und mit etwas Zimt und Wasser weich kochen, durch ein Sieb streichen. Bei Bedarf etwas süßen. Kleine Brotbröckchen anrösten, in einen tiefen Teller geben und die Apfelsuppe aufgießen.

BROTBELAG AUS FALLÄPFELN

Äpfel waschen, schälen und mit einer groben Reibe raspeln. Auf die heiße Herdplatte legen und öfter umwenden. Auf Brot gelegt schmecken die Raspel wie Apfelmarmelade.

APFELKUCHEN IN DER PFANNE

100g Mehl
Flüssigkeit (Wasser oder Milch)
1 Apfel
Prise Salz
2 TL Zucker
1 Ei

Aus dem Mehl, Salz, Ei und der entsprechenden Menge Flüssigkeit bereitet man einen Plinsenteig. Der Apfel wird geschält geviertelt und das Kerngehäuse entfernt, so dann die Viertel in Scheiben geschnitten. Man gibt den Plinsenteig in die gut erhitzte, mit Fett ausgestrichene Bratpfanne und legt die Apfelscheiben darauf. Wenn der Kuchen auf der einen Seite gebakken ist, dreht man ihn mit Hilfe eines Deckels um, streicht die Pfanne nochmals mit Fett aus und backt den Kuchen auf der anderen Seite. Man legt ihn mit den Äpfeln nach oben auf den Teller und bestreut ihn mit Zucker.

ÄPFEL UND BIRNEN ZUM TROCKNEN

Um zu vermeiden, daß die Früchte durch das Trocknen braun und unansehnlich werden, läßt man sie erst eine Minute aufkochen. Man verfährt folgendermaßen. Man schält und zerkleinert jeweils 2 Äpfel oder Birnen, um das Anlaufen zu vermeiden. Dann hält man sie in einem Schaumlöffel oder in einem kleinen Sieb 1 Minute in kochendes Wasser, läßt gut ablaufen und breitet sie dann auf einem sauberen Tuch zum Vortrocknen aus. Später breitet man sie alle auf Horden und läßt sie an der Luft oder in der Nähe des Herdes trocknen.

PFLAUMENKNÖDEL

250g Kartoffeln
75g Mehl
40g Butter oder Margarine
50g Zucker
250g Pflaumen
Salzwasser
evtl. Brösel

Frisch gekochte Kartoffeln durchpressen. Mit Mehl, 20 Gramm Fett und etwas Salz zu einem Teig verarbeiten und ausrollen. In Vierecke schneiden und darin eine mit Zucker gefüllte Pflaume wickeln. Die Klöße in siedendem Salzwasser langsam ziehen lassen. Mit einem Sieblöffel herausnehmen und - wenn vorhanden - etwas in Butter geröstete Semmelbrösel darüber geben und mit Zucker bestreuen.

„ *Im Herbst wurde auch Pflaumenmus gekocht. Wenn im Winter fast nichts mehr zu essen da war, haben wir das Pflaumenmus mit Wasser verdünnt und als Soße über Kartoffelklöße gegessen.* Käthe R., Wurzen

PFLAUMENKOMPOTT

500 g Pflaumen waschen, halbieren, entsteinen. Mit 2–4 Eßlöffel Zucker überstreuen und nach Belieben mit einem kleinen Stück Stangenzimt und 1-2 Gewürznelken bei mäßiger Wärme gardünsten. Soll Wasser zugegeben werden, so genügen etwa 3 Eßlöffel. Die Haut kann wie bei Pfirsichen abgezogen werden.

KIRSCHSUPPE MIT KLÜTERN

Kirschen entsteinen und mit wenig Wasser zum Kochen bringen. Aus etwas Mehl, einem Ei und Wasser einen geschmeidigen Teig herstellen, mit einem Löffel kleine Klößchen abstechen, zu den geschmorten Kirschen geben und langsam gar ziehen lassen.

„Zur Katastrophe wächst sich allmählich unsere Kirschernte aus: alle Welt bittet u. bettelt um Anteil, Kinder durchtoben Garten und Haus, es fehlt an Ruhe, es läßt sich auch kaum genügend viel zum Einkochen für (…) uns erübrigen. Das Pflücken u. übermäßige Essen auch meinerseits nimmt kein Ende. Diese übermäßige Kirschenernte wird auf alle Sinne wirkend, optisch, akustisch usw., das Erinnerungsbild an den ersten Monat (Juni 1945) in Dölzschen bestimmen. Victor Klemperer

RHABARBERSCHAUM

In Stücke geschnittenen Rhabarber in Wasser weich kochen (etwas flüssiger halten als zu Kompott). Etwas Grieß einrieseln und nochmals kurz aufkochen lassen. Die Speise etwas abkühlen lassen, zuckern und dann mit dem Schneebesen zu Schaum schlagen.

RHABARBERKARTOFFELN

Rhabarber ohne Zucker zu einem Brei kochen. Kartoffeln kochen, abgießen und zerstampfen. Mit dem Rhabarber mischen und mit einer Tunke aus Zwiebel, Mehl und Gewürzen (Majoran, Thymian, Kerbel) zu Tisch bringen.

Wildkräuter und -früchte

Besonderes Augenmerk wird auf die Verwendung von Wildgemüse gelegt.

Wir haben auch die jungen Blätter der Schafgarbe fein gehackt und auf Brotscheiben verteilt. Hermann Kraus, Berlin, früher Dresden

Tägliche Rundschau, 30. Juni 1945

... der Körper braucht Schutz und Wirkstoffe, die in dem frischen Gemüse enthalten sind. Nun kommen aber mit den ersten warmen Tagen nicht gleich entsprechende Mengen von Früh- bzw. Kulturgemüsen auf den Markt. Das gilt schon für normale Zeiten, nochmehr aber für die schwierige Lage, in der wir uns heute befinden. Deshalb müssen wir uns selbst helfen!
Erfreulicherweise gibt es bei uns eine ganze Anzahl von Wildpflanzen, die in ihrem Gehalt an Schutz- und Wirkstoffen noch über dem Kulturgemüse stehen und, die richtig zubereitet, durchaus wohlschmecken. Zu den bekanntesten Sorten gehört in erster Linie die Brennessel, die einen wohlschmeckenden Salat abgibt. Auch die zarten Blätter des Huflattich, das Kraut der Vogelmiere, die jungen Blätter des Löwenzahns und die Blätter und Stengel der Gartenmelde und des Wegerichs eignen sich gut zu spinatähnlichen Gemüsen. Auch zur Herstellung von Blattsalaten kann man neben der Brennessel, alle oben erwähnten Wildgemüse verwenden. Sie werden im Allgemeinen vor der Blüte gesammelt, weil sie dann saftiger und gehaltreicher sind. Die Pflanzen dürfen nicht gedrückt werden. Es ist ratsam, mehrere Wildgemüsearten zusammen zu verwenden, da sie sich im Geschmack ergänzen. Aber Vorsicht mit Salz und Essig, damit der Eigengeschmack nicht zerstört wird!
Jede Hausfrau wird noch eigene Erfahrungen haben, wie sie durch eine zusätzliche Mahlzeit aus Wildgemüse ihren Küchenzettel bereichern kann.

BRENNESSELSUPPE

Im Frühjahr gesammelte Brennesseln ergeben eine wohlschmekkende Suppe. Am besten nimmt man nur die obersten vier gegenüberstehenden Blätterspitzen, die in wenig Wasser gedämpft werden. Zwei feingehackte Zwiebeln werden in etwas Schmalz gebräunt, mit einem Löffel Mehl überstäubt und mit Wasser abgelöscht. Die Nesseln fein hacken und dazugeben. Mit Salz und Pfeffer abschmecken.

Die Suppe von zarten, jungen Brennnesselblättern, die von geschützten Stellen und nicht von Wegrändern gesammelt werden sollten, habe ich auf Verlangen meiner Kinder noch jahrelang im Frühling zubereitet. Später habe ich als Verfeinerung ein gequirltes Ei und ein bißchen Butter dazugegeben. Sie schmeckt uns heute noch. Gisela Hornig, Dresden

Garten und Siedlung, März 1949

Frühlingssuppe

Petersilie, Schnittlauch, Pimpernelle, Sauerampfer, fette Henne, Kerbel, junge Brennessel, Löwenzahn werden sehr fein gehackt, in etwas Fett gedünstet und mit Würfelbrühe aufgefüllt. Man röste einige Würfel Brot, wenn möglich Weißbrot, und gibt es hinein.

SAUERAMPFER- (SAUERLUMP-) SUPPE

250 g Sauerampfer
50 g Fett
1 l Gemüsebrühe
2 EL Sahne oder Molke
2 Kartoffeln
Salz

Kartoffeln in der Brühe weich kochen und zerstampfen. Die jungen geputzten Sauerampferblätter fein schneiden und in Fett anrösten. In die Brühe geben und noch einmal aufkochen lassen. Mit Salz und Sahne abschmecken.

LÖWENZAHN- (HUNDEBLUMEN-, KUHBLUMEN- ODER MAISTÖCKE-) SALAT

300 g junge, vor der Blüte geschnittene Löwenzahnblätter
20 g Speck
1 Stange Lauch
1-2 gekochte Kartoffeln
1 EL Essig
1/2 Tasse Milch
1 kleine Zwiebel
Salz

Speckwürfel in der Pfanne auslassen. Lauch und Zwiebel in Ringe schneiden und dazugeben. Die gekochten Kartoffeln in die Pfanne reiben und mit Milch, Essig und Salz gut verrühren. In die lauwarme Tunke gibt man die sorgfältig gewaschenen und fein geschnittenen Löwenzahnblätter und läßt alles gut durchziehen. Der Salat sollte kalt serviert werden.

PIKANTER GÄNSEBLUMENSALAT

Junge, sehr zarte Gänseblumenblätter und einige Blüten kurz waschen und über Nacht in einen Sud aus aufgekochtem Essig und etwas Zucker oder Süßstoff einlegen. Später zwei Tassen klein gewürfelte gekochte Kartoffeln und etwas gehackte Petersilie dazugeben. Eine Stunde durchziehen lassen und auf Salatblättern servieren.

„FALSCHE KAPERN" AUS GÄNSEBLÜMCHENKNOSPEN

Gänseblümchenknospen mit Daumen und Zeigefinger abknipsen, nicht waschen und in ein Schraubglas füllen. Essig darüber gießen und kühl stellen. Die Knospen lassen sich für alle Gerichte verwenden, bei denen Kapern gebraucht werden.

Löwenzahn – DER HERZHAFTE FRUHLINGSSALAT

Die Frühlingssonne lockt ihn zeitig heraus; kräftig entwickeln sich die grünen Blattrosetten. Kommt der Salat das erstemal auf den Tisch, wird er mißtrauisch betrachtet und vorsichtig gegessen. Ist er gut abgeschmeckt gewesen mit wenig Salz, Essig, Zucker und — wenn irgend möglich — mit einigen Tropfen Öl, findet er rasch Freunde. Je öfter man ihn ißt, desto mehr möchte man davon haben. Der Reichtum an Vitaminen, an Mineralstoffen, die herzhaften Bitterstoffe sind außerordentlich heilsam für den Körper.
Blattrosetten ausstechen, welke Blätter entfernen, Wurzeln abschaben und alles sehr gründlich waschen. Blätter wiegen, Wurzeln fein schneiden, würzen und sofort zudecken. Die Vitamine A, C und E werden durch den Zutritt der Luft geschädigt.
Auch für Salatplatten ist Löwenzahn gut geeignet. Wir geben noch Radieschenscheiben, geschnitzelten Rettich oder Topinambur, Rapünzchen und eine Schnittlauchsoße aus 8 Eßlöffeln saurem Saft oder Essig, 1 Eßlöffel Öl, etwas Zucker, Salz und reichlich gehacktem Schnittlauch dazu.

„In jeder Küche standen auf dem Fensterbrett Blumentöpfe mit Kräutern: Petersilie, Schnittlauch, Majoran und anderes. Wenn schon Fleisch, Fett und Gemüse fehlten, dann bekam die Kartoffelsuppe durch die Kräuter wenigstens ein bißchen Geschmack.

Lilo Schauer, Chemnitz

VERWENDUNG VON HAGEBUTTEN

Die großen, reifen Früchte werden von Stiel und Hülse befreit, mit einem groben Tuch abgerieben, halbiert und die Kerne herausgekratzt. Die getrockneten Kerne ergeben einen wohlschmeckenden Tee. Die Früchte an der Sonne trocknen, später waschen und einweichen. Auf 200 Gramm Früchte rechnet man zwei Liter Wasser. Nach 30 Minuten Kochzeit die Masse durch ein Sieb rühren, süßen und als Wildfruchtsuppe servieren. Weiter eingekocht wird daraus Wildfruchtmus, das man auch sterilisieren oder einwecken kann.

„Manchmal hatten wir Glück und entdeckten eine milde Sorte Vogelbeeren, die auch ohne Zucker gekocht als Marmelade geeignet war. Die anderen waren so herb, das es uns die Mundhöhle zusammenzog.
Hannelore Kuhn, Dresden

VERWENDUNG VON HOLUNDERBEEREN

Reife Beeren waschen und mit einer Gabel von den Stielen abstreifen. In wenig Wasser mit einer eingeweichten Brotrinde aufkochen, mit Zitronenaroma oder Zimt abschmecken und nach Bedarf süßen. Die sehr schmackhafte Suppe kann auch durch einige Apfelschnitze verfeinert werden.
Für Holundersaft zerdrückt man die Beeren, läßt sie mit wenig Wasser aufkochen, streicht alles durch ein Sieb, gibt etwas Zukker dazu und füllt den Saft in Flaschen, die man bei 78 bis 100 Grad sterilisiert.

„Heidelbeeren wurden aufgekocht und heiß in Weinflaschen gefüllt. Oben wurde die Flasche mit einem Leinenläppchen zugebunden oder man stülpte eine halbe Eierschale darüber. Es bildete sich ein Schimmelpfropf, der beim Verbrauch entfernt wurde. Christa Wäscher, Bad Düben

Erprobte Zusammenstellungen mit Wildfrüchten für die Herstellung von Marmelade waren zum Beispiel:

Holunder-Apfel-Marmelade

Hagebutten-Apfel-Marmelade

Ebereschen-Kürbis-Apfel-Marmelade

Schlehenmarmelade

Tomaten-Schlehen-Marmelade

Möhren-Kürbis-Schlehen-Marmelade

Zuckerrüben-Schlehen-Marmelade

EINTOPF MIT VOGELMIERE
„Vogelmeiers Mäusegedärm“

500 g Vogelmiere (gesammelt wird das blühende Kraut ohne Wurzeln)
150 g Haferflocken
750 g Kartoffeln
2 l Gemüse- oder Fleischbrühe
50 g Speck oder geräucherte Wurst
Salz

Vogelmiere waschen und klein hacken. Kartoffeln schälen und würfeln. Gemüse, Kartoffeln und Haferflocken werden in der Brühe weich gekocht. Ein Viertel des rohen gehackten Gemüses wird zurückbehalten und erst an das gar gekochte Gericht gegeben. Speck oder Wurst würfeln, anbraten und in den Eintopf rühren. Mit Salz abschmecken.

Pilze

„Im Herbst fuhren wir mit dem Rad in Richtung Bad Schandau, um Schwämmchen zu suchen. Heute sind ja Kehlchen (Pfifferlinge) sehr beliebt, aber früher nahmen wir alles, was die Körbe füllte, wie Kremplinge und Hallimasch. Ludwig Klein, Lübeck, früher Pillnitz

PILZBRATEN MIT WEIZENKÖRNERN

Weizenkörner werden 12–24 Stunden eingeweicht, dann abgegossen und durch den Wolf gedreht, ebenso reichlich Zwiebeln, gedämpfte Pilze, etwas Sellerie, Petersilienwurzel und reichlich Würzkräuter. Mit Salz und 1–2 Eiern gut vermischen, evtl. noch etwas Tomatenmark dazugeben und zu einem rundlichen Braten formen. Man kann die Masse auch in eine gefettete Kastenkuchenform geben und im Ofen backen. Ist keine Bratröhre vorhanden, dann kleine Klopse formen und in der Pfanne braten.

SCHWAMMKUCHEN

Altbackenes Weiß- oder Graubrot sehr klein schneiden und mit etwas Milch oder Wasser durchweichen lassen. Feingewiegte Pilze, Salz, Zwiebeln, Petersilie und ein Ei dazugeben, alles gut vermengen und wie Eierkuchen in der Pfanne auf beiden Seiten braun backen.

PILZE ALS WINTERVORRAT

Pilze sauber putzen und in dünne Scheiben schneiden, die dann auf Fäden aufgereiht an der Luft getrocknet werden. Später in geschlossenen Gläsern oder Dosen aufbewahren. Die getrockneten Pilze können auch durch eine Kaffeemühle gedreht werden und für Soßen und Suppen als Pilzmehl verwendet werden.

„Ernährungsmäßig begann eine herrliche Zeit, als Pilze in den großen Wäldern wuchsen. Jeden Tag Pilze, gekocht in der Suppe, gebraten oder sauer eingelegt, mit nichts dazu. Zum Glück hatten wir einen einheimischen Pilzkenner und haben diese Zeit ohne Vergiftung überstanden.

Hannelore Kuhn, Dresden

Eier

Der Mangel an frischen Eiern war schon in den letzten Kriegsmonaten spürbar. Als Ersatz wurde „Milei“ - ein Ei-Ersatzmittel, ein durch Eindampfen entrahmter Milch gewonnenes Milcheiweißerzeugnis - angeboten.
Nach Kriegsende erhielten die Verbraucher häufig „Trockenei“ als Ersatz für Fleischwaren. Trockenei bestand aus getrockneten, pulverisierten Hühnereiern und konnte im Verhältnis drei Teile Wasser, ein Teil Trockenei zum Backen oder für gebratene Eierspeisen verwendet werden.
Mußte Kuchen ohne Ei gebacken werden, dann verhalf „Eipulverfarbe“ zur gewohnt gelblichen Färbung.
Frische Eier hatten in der Nachkriegszeit, besonders in Städten, Seltenheitswert. Wer über ein Grundstück oder einen Kleingarten verfügte und Baumaterial für einen gut verschließbaren, einbruchsicheren Hühnerstall beschaffen konnte, hielt das begehrte Federvieh als Fleisch- und Eierlieferant. Großstädter ergattern mit viel Glück auf Hamsterfahrten ein paar Eier.

„Es gab auch Büchseneier, das waren große Blechbüchsen, darin lagen Hühnereier ohne Schale, die ganz schnell verarbeitet werden mußten, weil sie sonst verdarben. Das waren wohl Heeresbestände oder Ami-Verpflegung, die zurückgelassen wurde, als die Russen kamen. Susanna Neumann, Leipzig

„Im Herbst gab es manchmal auf Fleischmarken Eier. Wir waren eine große Familie und hatten dann plötzlich 30 Eier. Gerne hätte meine Mutter eine riesige Pfanne Rühreier bereitet, aber „sich einmal richtig satt essen", blieb ein Traum. Die Eier mußten für den Winter, wo es keine Eier gab, reichen und deshalb frisch gehalten, d.h. konserviert werden. Meine Mutter benutzte dazu Wasserglas, das es in der Apotheke zu kaufen gab. Die Eier wurden geprüft, ich weiß nicht mehr wie, waren sie frisch, kamen sie in ein großes Gurkenglas und darüber wurde eine Wasserglaslösung geschüttet. Das Glas sah dann ganz schmutzig aus, in dem die Eier schwammen. Sie reichten tatsächlich den ganzen Winter, weil man damals aus einem Ei mit viel Mehl eine Portion Rührei für vier Personen herstellen konnte. Inge Kaufmann, früher Riesa, jetzt Nürnberg

RÜHREI

Eine Tasse Wasser oder Molke, drei Eßlöffel Nährhefe und zwei Eier kräftig verrühren, zwei Teelöffel Mehl und etwas Salz dazugeben und zum Quellen zehn Minuten stehen lassen. In einer Pfanne unter Rühren zum Dickwerden bringen. Mit Schnittlauch bestreuen.

RÜHREI AUS EIPULVER OHNE FETT

Zwei Eßlöffel Wasser und ein Eßlöffel Eipulver mit etwas Salz verrühren und 30 Minuten quellen lassen. Die Masse in ein Wasserbad stellen, ab und zu umrühren, bis sie flockig ist.

EIERKUCHEN OHNE EI

125 Gramm Mehl sieben, mit 1/2 Liter Selterswasser zu einem dickflüssigen Brei vermischen, Salz und Eigelbfarbe zugeben und rasch in der Pfanne braten.

PIKANTE EIERSOSSE

Eine dicke Mehlsoße herstellen und eine gewürfelte saure Gurke zugeben. Die Soße pikant mit Salz, Pfeffer, Essig und Zucker abschmecken. Zum Schluß das klein geschnittene hartgekochte Ei dazu geben. Schmeckt sehr gut zu Kartoffelbrei.

Volksstimme, 13. Februar 1946

Der Bevölkerung wird bekannt gegeben, daß der nächste Butteraufruf erst Freitag, den 15. Februar 1946, erfolgen kann, da die eingegangene Butter erst noch geformt und abgepackt werden muß.

Fett

Der Mangel an Fetten wie Butter, Öl, Margarine war besonders groß. Die monatlichen Rationen von 200 bis 300 Gramm, die Schmelz- und Streichfette eingeschlossen, haben den Bedarf nicht annähernd gedeckt. Butter konnte regelmäßig nur an Kinder und Kranke ausgegeben werden, während die übrigen meist mit Öl, Margarine und Talg vorlieb nehmen mußten.

„Um Fett zu sparen, tauchte man eine durchgeschnittene rohe Kartoffel oder Zwiebel in Fett und rieb damit die Pfanne aus. Später gab es auch kleine Pinsel zu kaufen, die man in ein Töpfchen mit Öl stellte, um damit Töpfe oder Kuchenformen zu fetten. War kein Fett vorhanden, dann buk man Kartoffeln in Malzkaffee. Anna Sch., Riesa

Dieses Buch Dir Hilfe sei
Beim kochen ohne Fett und Ei.
Koche gut! - Das sagt man so.
Leider reicht's nicht zum HO!
Über's Jahr wird „alles besser"
Schneidest Speck mit grösstem Messer.
Und dazu das nöt'ge Geld -
Ach, wie schön ist dann die Welt!

Vati 19. 10. 49

Amtliche Bekanntmachungen

Abgabe von Butter und Öl auf die Lebensmittelkarten für April 1946

Mit **Butter** werden beliefert
die Karten I = Stadt Zwickau
mit 250 g für Schwer- und Schwerstarbeiter und zwar der Abschnitt — 250 g Fett I
mit 100 g für Arbeiter und zwar der Abschn. — 100 g Fett I
mit 50 g für Angestellte u. zwar der Abschn. — 50 g Fett I
mit 50 g für Kinder u. zwar die 10 Abschn. — 5 g Fett I
mit 50 g für sonstige Verbraucher und zwar die 10 Abschnitte — 5 g Fett I
die Karten II = Landkreis Zwickau und die Städte Crimmitschau und Werdau
mit 150 g für Schwer- und Schwerstarbeiter und zwar der Abschnitt — 150 g Fett I
mit 50 g für Arbeiter u. Angestellte und zwar der Abschnitt — 50 g Fett I
mit 50 g für Kinder und sonstige Verbraucher und zwar die 10 Abschnitte — 5 g Fett I
mit **Speiseöl** werden beliefert
die Karten I = Stadt Zwickau
mit 250 g für Schwer- und Schwerstarbeiter und zwar der Abschnitt — 250 g Fett II
mit 100 g für Arbeiter und zwar der Abschn. — 100 g Fett II
mit 50 g für Angestellte u. zwar der Abschn. — 50 g Fett II
mit 50 g für Kinder und sonstige Verbraucher und zwar die 10 Abschnitte — 5 g Fett II
die Karten II = Landkreis Zwickau und die Städte Crimmitschau und Werdau
mit 150 g für Schwer- und Schwerstarbeiter und zwar der Abschnitt — 150 g Fett II
mit 50 g für Arbeiter u. Angestellte und zwar der Abschnitt — 50 g Fett II

Fleisch und Wurst

Fleisch war in den Großstädten jahrelang äußerst knapp. Auf Fleischmarken kamen als Austauschprodukte häufig Käse, Quark, Eier oder Fisch in den Handel.
Die Viehbestände mußten erst wieder aufgebaut werden, es fehlte an Futter, diebessicheren Ställen und an erfahrenen Arbeitskräften. Sehr häufig verdarb das Fleisch auf dem Wege vom Erzeuger zum Verbraucher, wenn die Züge tagelang auf freier Strecke halten mußten, weil Kohlen fehlten oder Reparaturen an Gleisanlagen oder Brücken notwendig wurden. Transporte mit Lastwagen blieben wegen Treibstoffmangel oder defekten Motoren liegen. Es fehlten auch Kühlhäuser und Einrichtungen zum Räuchern oder zur Konservenherstellung. Durch Viehdiebstähle, Raub in den Lagerhallen, bei Metzgern und auf Transporten gingen ca. 30 % der Fleischprodukte verloren.
Um zu einem Stück Fleisch zu kommen entwickelten sich die hungrigen Bewohner, besonders der Großstädte, wieder zu Jägern und Fängern. In den Randgebieten der Städte wurden außer Wildkaninchen und Hasen auch Fasane, Rebhühner und Wildtauben gefangen - nicht geschossen, denn der Gebrauch von Schußwaffen aller Art war nach Kriegsende verboten. Wie schon im Ersten Weltkrieg sind auch Hunde und Katzen auf durchaus erklärliche Weise verschwunden.
Bei den Metzgern waren besonders Schlachtnebenprodukte gefragt, die markenfrei abgegeben wurden, wie Blut, Knochen, Wurstbrühe, Abschöpffett und „Flomen“. Markenreduziert konnten Fleischknochen, Rippchen und Innereien verkauft werden.

Sächsische Zeitung, Ausgabe Zwickau, 18. April 1946

Fleisch auf Lebensmittelkarten

ist grundsätzlich mit eingewachsenen Knochen zu verkaufen. Die Knochenbeilage bei Fleisch, das ohne Knochen verkauft wird, darf bei Schweinefleisch 20 Prozent, bei Rindfleisch 25 Prozent, bei Kalbfleisch 30 Prozent nicht übersteigen.

Volksstimme, 5. Januar 1946

Abgabe von Fleisch

Auf eine 50-g-Fleischmarke können wieder wahlweise 200g Quark oder 150g Käse und auf 200-g-Fleischabschnitte wieder 3 Eier bezogen werden.

Volksstimme, 9. Februar 1946

Kaufe laufend Schlachtpferde

Notschlachtung Tag und Nacht
Kurt Müller, Roßschlachterei
Wiederitzsch Bezirk Leipzig
Gegr. 1919, Feldstraße 1, Tel. 5786

„Vati, gibst du mir ein Fleisch?" sagte meine 2jährige Tochter beim Abendbrot zu mir. Was gab es zu essen? Wiesenchampignons, die mein älterer Sohn gesammelt hatte und die in einem Tiegel mit Kathreiner Malzkaffee gebraten wurden. Das war das Fleisch der mageren Jahre! Eberhard Weiß, Borsdorf

Wir haben jede Woche einmal beim Fleischer oder in der Wurstfabrik mit eigenen Krügen Fleischbrühe geholt. Dafür mußten wir manchmal bis zu einer Stunde anstehen. Ellinor Schneider, Leipzig

Weil wir in unserem Garten Hühner und Kaninchen fütterten, litten wir nicht so unter der Not. Bei 60 Kaninchen und ständiger Nachzucht konnte unsere 4köpfige Familie sehr oft Fleisch essen. Das Getreidefutter kam von Verwandten vom Land, und für mich war es eine arge Schinderei, mit dem alten klapprigen Fahrrad das Futter nach Leipzig zu holen. Ich war klein und mager damals, aber darauf konnte keiner Rücksicht nehmen. Susanna Neumann, Leipzig

Einen Balkon (...) nutzten wir für die Ernährung! Wie das? Ganz einfach – dort baute mein Vater einen Kaninchenstall. Woher er in diesen schweren Zeiten das Holz für einen Stall auftrieb, weiß ich nicht, erinnere mich aber, daß er aus gutem Grund die Flächen einiger Bretter nach innen verbaut hatte. Auf jenen war ein dunkelvioletter Stempel zu sehen: ein stilisierter Adler, der ein Hakenkreuz im Kreis seiner Krallen hielt. Das Holz stammte offensichtlich von völkischen Kisten, die vielleicht noch wenige Jahre vorher dem Munitionstransport gedient hatten. Nun pinkelten die Hasen ans Hakenkreuz.
Die junge Republik warb regelrecht für das Halten der possierlichen Nager: „Auch Ihr Kaninchenfell ist ein wichtiger Rohstoff und notwendig für den Wiederaufbau der Wirtschaft." Wer hätte das gedacht, daß wir tatsächlich auf unserem Balkon (...) zum Wiederaufbau der ostdeutschen Wirtschaft beitrugen? Bernd-Lutz Lange

WAS MAN AUS EINEM

Kaninchen

ALLES MACHEN KANN!

Recht viel — wünschen wir uns, und wenn wir gut einteilen, gibt es auch eine Woche lang jeden Tag etwas Leckeres.

Am Schlachttag macht den Anfang

Tiegelwurst

Blut auffangen, gut verrühren und mit eingeweichter Semmel oder mit dickem Grützebrei verarbeiten. Mit Zwiebel, Salz, Majoran und Pfeffer würzen und mit etwas Fett durchbraten. — Am anderen Tag kommt die

Leber

auf den Tisch. Gewaschen, in dicke Scheiben geschnitten, in Mehl gewendet, zart mit Salz und Pfeffer bestreut, in heißem Fett zusammen mit Apfel- und Zwiebelscheiben gebraten — ein ganz feiner Bissen!

Hasenpfeffer

wird aus Kopf, Herz, Lunge, Milz und Hals mit einer braunen, sauer-süß abgeschmeckten Tunke zu Pellkartoffeln gekocht.

Sülze

können wir aus den gut gesäuberten und gründlich gewässerten Eingeweiden, zusammen mit etwas Gemüse und Geleepulver bereiten.

Fleischröllchen

mit Semmel- oder Zwiebelfülle und einer würzigen Tunke machen wir aus den Bauchlappen.

Rücken und Keulen

eingelegt in Essigwasser oder Buttermilch, sind inzwischen mürbe geworden und geben Festtagsbraten zu Klößen und Kraut. — Und mit den

Hasenfettgrieben

backen wir zum Schluß noch eine Linzer Torte.

Zeichnungen: Lea Mende

BRATEN AUS KANINCHENFLEISCH

300 Gramm Kaninchenfleisch (Bauchlappen, Herz, Lunge und Leber) durch den Wolf drehen, mit 100 Gramm Haferflocken oder Schrot vermengen. Mit Majoran, Pfeffer, Zwiebel und Salz würzen und zu einem Brot formen. In einer gefetteten Kastenform 10 bis 15 Minuten backen.

„Einladung zum Essen bei einem Verleger, Dezember 1946
Eine Gans, die der Hausherr tranchierte, schwerer weißer Wein. „Sie haben noch keine Gänse (Plural) in diesem Jahr gegessen?" Es war mir ein so ungewohntes Essen, daß es mir nachher schwer im Magen lag. (Preis einer Gans soll über 1000 RM liegen) Victor Klemperer

„Zu meiner Jugendweihe gab es auch ein Fleischgericht. Es war allerdings Pferdefleisch.

Ingeborg Schramm, Böhlitz-Ehrenberg

Volksstimme, 7. Februar 1946

Kaninchenhaltung

Unsere Kaninchen können Kälte, aber keine Nässe und Zugluft vertragen. Wer Rapsstroh und Rapsspreu verfüttert, muß darauf achten, daß es nicht naß oder angestockt ist. Grünfutter, besonders Krautblätter und Markstammkohl dürfen erst nach gründlichem Abwaschen und Ausschneiden, gut abgetrocknet, gegeben werden. Mit Tau behaftetes Grünes ruft die Trommelsucht hervor. Gefrorenes Futter darf nicht gegeben werden.

In vielen „Nachkriegskochbüchern“ finden sich Rezepte, die heute Erstaunen hervorrufen. Man empfahl für den Abendbrottisch „Fleischklößchen und Hackbraten ohne Fleisch“, riet zu „Falscher Blutwurst“ und „Suppe mit Wurstgeschmack“. Es gelang den Hausfrauen aus Knochen- oder Gemüsebrühe, Grütze, gerösteter Zwiebel und viel Trockengewürz eine Soße oder Stippe zuzubereiten, die durch Majoran, dem typischen Leberwurstgewürz, einen „wurstähnlichen“ Geschmack erhielt. Geringsten Mengen - „pro Person reichen 20 Gramm“ - Mett- oder Streichwurst - wurden gekochte, geriebene Kartoffeln, Zwiebel, Lauch und Molke zugegeben, also „gestreckt“.
Auch die Fleisch- und Wurstfabriken arbeiteten mit Zusätzen wie „Mettwurst mit Kartoffelzusatz“, „Blutwurst mit Semmelmehl“ oder „Fleischwurst mit Möhrenzusatz“.

„Innereien gab es damals ohne oder nur auf geringere Abgabe von Fleischmarken. Wenn man mal das Glück hatte, Kuheuter zu bekommen, ergab das schöne große Schnitzel. Das war dann fast ein Festessen.

Sigrid Kasper, Dresden

Leipziger Volkszeitung, 14. März 1947

Brauerei-Pferdegespann gestohlen

Am 10. März gegen 13 Uhr wurde ein vor der Gastwirtschaft Bruehl 12 stehendes Brauerei-Pferdegespann gestohlen. Beschreibung: 2 junge Rotschimmel mit schwarzen Pferdedecken, grüner Tafelwagen, auf der Rückwand weißes Schild „Waldschlößchen“.

FALSCHE SÜLZE

1 l Wasser
2 Möhren
5 große rohe Kartoffeln
1 Zwiebel
Essig, Salz
Lorbeerblatt, Pfefferkörner

Die zerkleinerte Zwiebel mit den Gewürzen und dem Essig aufkochen. Weich gekochte Möhren in Scheiben dazugeben. Dann die geschälten rohen Kartoffeln hineinreiben, alles einmal kurz aufkochen, in eine Glasschüssel gießen und erkalten lassen.

FLEISCHSOSSE

125 Gramm Gehacktes mit Wasser, Salz und Pfeffer gut vermengen. In wenig Fett einige fein gehackte Zwiebeln anbraten, die Fleischmasse darunter rühren, mit Wasser oder Brühe auffüllen und mit Mehl oder Schrot andicken. Wenn vorhanden, etwas Tomatenmark, Pilzpulver oder zerkleinerten Knoblauch zugeben.

FLEISCHKLÖSSE (ohne Fleisch)

5 gekochte Kartoffeln
5 geriebene, gut ausgedrückte Kartoffeln
3 EL Hefeflocken (Nährhefe)
Kümmel, Zwiebel, Pfeffer, Salz
Fett zum Braten

Alle Zutaten gut vermengen und kräftig abschmecken, zu Klößchen formen, etwas breit drücken und in der Pfanne braten. Die Klöße gewinnen an Geschmack, wenn noch kleine Mengen Wurst, Speck oder Kochfleischreste untergemengt werden.

Fisch

Für Fischgerichte eigneten sich auch sehr kleine Fische, wie sie mancher Angler nach Hause brachte. Dazu in einem großen Topf Wasser zum Kochen bringen und darüber ein Tuch spannen. Die kleinen Fische nebeneinander auf das Tuch legen und einen Topfdeckel überstülpen. Durch den Wasserdampf wurden die Fische langsam gedämpft, fielen nicht auseinander, und man konnte sie dann vorsichtig von den Gräten befreien.

„Hamsterfahrten gingen auch über die „grüne" Grenze, zum Beispiel bis nach Hamburg. Hier wurden die letzten vom Krieg übriggebliebenen Wertsachen gegen Bücklinge und Heringe getauscht. Ingeborg Schramm, Böhlitz-Ehrenberg

HÄCKERLE

1 Salzhering
1 Apfel
1 kleine saure Gurke
1 kleine Zwiebel
etwas Essig oder Zitronensaft
1 EL Meerrettich oder Senf
Salz, Pfeffer

Den Hering gut wässern und sehr klein schneiden. Apfel und Gurke fein wiegen und mit den anderen Zutaten vermengen. Dünn aufs Brot streichen und mit Petersilie und - wenn vorhanden - mit einem gekochten und kleingehackten Ei garnieren.

GEBRATENE FISCHKLOPSE

500 g Fisch oder entgrätete Fischreste
500 g gekochte Kartoffeln
1 Zwiebel
Salz, Pfeffer

Fisch und Kartoffeln durch den Wolf drehen. Die Zwiebel zerkleinern und in etwas Fett bräunen. Alles zu einem Teig vermengen und runde Klopse formen. In einer Pfanne langsam braten.

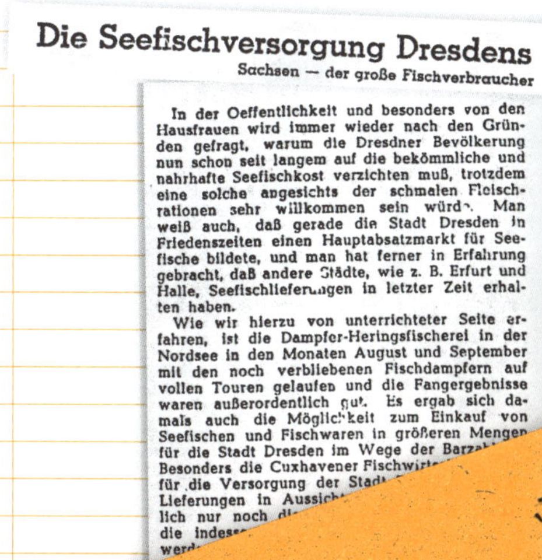

Die Seefischversorgung Dresdens

Sachsen — der große Fischverbraucher

In der Oeffentlichkeit und besonders von den Hausfrauen wird immer wieder nach den Gründen gefragt, warum die Dresdner Bevölkerung nun schon seit langem auf die bekömmliche und nahrhafte Seefischkost verzichten muß, trotzdem eine solche angesichts der schmalen Fleischrationen sehr willkommen sein würde. Man weiß auch, daß gerade die Stadt Dresden in Friedenszeiten einen Hauptabsatzmarkt für Seefische bildete, und man hat ferner in Erfahrung gebracht, daß andere Städte, wie z. B. Erfurt und Halle, Seefischlieferungen in letzter Zeit erhalten haben.

Wie wir hierzu von unterrichteter Seite erfahren, ist die Dampfer-Heringsfischerei in der Nordsee in den Monaten August und September mit den noch verbliebenen Fischdampfern auf vollen Touren gelaufen und die Fangergebnisse waren außerordentlich gut. Es ergab sich damals auch die Möglichkeit zum Einkauf von Seefischen und Fischwaren in größeren Mengen für die Stadt Dresden im Wege der Barz... Besonders die Cuxhavener Fischwir... für die Versorgung der Stad... Lieferungen in Aussich... lich nur noch d... die indes... wer...

Leipziger Volkszeitung, 7. Februar 1947 (Leserbrief)

Es gab auf Fleischmarken Fisch. Als ich hinkam, natürlich eine Menschenschlange von schätzungsweise 1000 Personen. Sie warteten geduldig auf ein paar Fischlein bei schneidender Kälte von minus 15 Grad, in dürftiger Kleidung, ohne etwas im Magen zu haben.

Soßen

Einfache Soßen aus Mehl, Fett, Magermilch, Pfefferersatz und Salz konnten die Hausfrauen mit im Handel angebotenen Aromen würzen. Die Auswahl war groß: Rauchfleisch oder Rauchspeck-Aroma, Gulasch- und Salamigewürz, Soßenbraun und Leber- und Mettwurst-Aroma konnten „markenfrei" erworben werden.

ZWIEBELSTIPPE

Zwiebeln würfeln und in einer Pfanne glasig dünsten. Mehl darüber streuen, bräunen und eine Weile köcheln lassen. Mit Pfeffer, Salz und evtl. einem Spritzer Essig und einer Prise Zucker abschmekken. Sehr lecker zu Pellkartoffeln.

RETTICH- ODER RADIESCHENTUNKE

1 EL Fett
2 EL Mehl
1/2 l Magermilch oder Molke
1 TL Essig
1 Rettich oder einige Radieschen
Salz

Fett zerlassen, Mehl darin verrühren und mit der Flüssigkeit auffüllen, aufkochen und ausquellen lassen. Mit Salz und Essig abschmecken, vor dem Servieren den Rettich oder die Radieschen roh hineinreiben oder raspeln. Schmeckt gut zu Kartoffelbrei oder Pellkartoffeln.

KÜRBISTUNKE

Kürbis in Würfel schneiden und mit Essig besprengt einige Stunden stehen lassen. Den Kürbis mit der evtl. entstandenen Brühe in kochendes Wasser geben und aufkochen. Mit etwas Mehl oder Stärke anrühren und einige Minuten ziehen lassen. Man kann die Tunke auch süßsauer (mit etwas Zucker oder Süßstoff) abschmecken.

SOSSE AUS GEMÜSESALAT

Aus Salzwasser, Zwiebel, Mehl oder roher, geriebener Kartoffel eine Soße herstellen. Gemüsesalat, der häufig ohne Marken angeboten wird, aber sehr scharf und sauer ist, auf einem Sieb ablaufen lassen und dann in die fertige Soße geben. Schmeckt gut zu Pellkartoffeln oder Kartoffelbrei.

ROHE-ROTE-RÜBENTUNKE

3 große rote Rüben
Wurzelwerk (Suppengrün)
Wasser
Salz
Buttermilch oder
Magermilch mit Essig

Die geschälten roten Rüben auf dem Reibeisen reiben. Saft auf einem Sieb ablaufen lassen und beiseite stellen. Zu den geraffelten Rüben das zerkleinerte Wurzelwerk, wenig Wasser und Salz zufügen und gar dünsten. Zuletzt die Buttermilch und den roten Rübensaft zugeben.

OSTPREUSSISCHE TUNKE

(von Flüchtlingen mitgebrachtes Rezept)

Feingeschnittene Zwiebel mit wenig Fett anbraten, etwas Mehl dazugeben und unter Rühren etwas bräunen. Wasser oder Fleischbrühe dazugeben und aufkochen lassen. 1 Eßlöffel Essig und 1/2 Teelöffel Sirup dazugeben. Zum Schluß feingeschnittene grüne oder saure Gurke dazugeben und einige Minuten durchziehen lassen. Sehr pikant zu Kartoffeln oder Klößen.

QUARKMAYONNAISE

Ein Eßlöffel Quark wird in einer Schüssel unter ständigem Rühren mit einem Eßlöffel Öl, einem Eßlöffel Essig, etwas Salz und drei bis vier Eßlöffeln Milch oder Brühe vermengt. Die Masse tüchtig schaumig schlagen und mit Würzkräutern je nach Geschmack und Jahreszeit verfeinern.

EINFACHE MAYONNAISE

In kochendes, ganz leichtes Essigwasser (etwa 1/2 Liter) quirlt man einen Eßlöffel Mehl, läßt aufquellen, nimmt es vom Feuer und rührt die Masse während des Erkaltens von Zeit zu Zeit um, damit sich keine Haut bildet. Zum Schluß würzt man mit etwas Zucker und Salz, gießt evtl. noch etwas Essig hinzu, falls die Mayonnaise nicht sauer genug ist.

Süßspeisen

„Meine Mutter besuchte sehr oft ihre Schwester in Berlin-Zehlendorf und brachte immer ein Säckchen Zucker mit. Daraus wurden Bonbons gekocht, die in einer Blechdose aufbewahrt wurden. Sonntags, nachdem wir aus der Kirche kamen, durften wir einmal in die Dose greifen. Herrlich!

Irna Fuchs, Göttingen, früher Radebeul

BRAUNE BONBONS

100 g Puderzucker
1 EL Milch
1 EL Essig

Zucker in einer Pfanne bräunen, aber nicht schwarz werden lassen. Wenn vorhanden, Haferflocken, Nüsse oder zerkleinerte Pflaumen- oder Kirschkerne zugeben, umrühren und die Masse auf ein gefettetes Blech schütten, auseinander streichen und halb erkaltet in Würfel schneiden.

HAFERFLOCKEN-OBSTAUFLAUF

150 g Haferflocken
1/2 l Milch
1 Ei
30 g Zucker
Salz

Die Haferflocken werden mit kochender Milch übergossen und bleiben zwei Stunden zugedeckt stehen. Dann mengt man Salz, Zukker und das Eigelb hinzu. In einer gefetteten Backform backt man die Masse etwa zehn Minuten vor. Inzwischen wird das geschlagene Eiweiß mit etwas Zucker und dem Obst vermengt und auf den Auflauf geschichtet. Das Ganze muß dann noch eine halbe Stunde backen.

Leipziger Volkszeitung, 9. Januar 1949

Schokoladenblöcke gestohlen

In den Abendstunden des 6. Januar stahlen Einbrecher in einer hiesigen Firma eine größere Menge Blockschokolade. Es handelt sich hierbei um Schokoladenblöcke von je 10 kg Gewicht. Eine Belohnung (zur Ergreifung der Täter) ist ausgesetzt.

Erinnerungen an Falsche Schlagsahne

Diejenigen, die in der Nachkriegszeit Kinder oder Jugendliche waren, erinnern sich noch heute an eine Süßspeise wie falsche Schlagsahne oder Schlagrahm. Aus winzigen und ungewöhnlichen Zutaten entstand nach „halbstündiger Armarbeit", d.h. kräftigem Schlagen mit einem Schneebesen, eine große ansehnliche Masse, die zudem noch süß schmeckte. Sie füllte den Magen, wenn auch nur für wenige Stunden.

Aus der Fülle der vorliegenden Rezepterinnerungen hier einige Beispiele: Frischmilch, Molke und Wasser aufkochen lassen, eine rohe Kartoffel schälen, fein reiben und zu der Flüssigkeit geben und noch einmal aufkochen. Die Masse bis zum nächsten Tag kühl stellen, dann Zucker, Süßstoff und Aroma dazugeben und alles schlagen, bis die Masse steif ist.

Es gelang auch, aus dem Einweichwasser von getrockneten Erbsen „Schlagsahne" herzustellen. Das Erbsenwasser aufkochen, mit etwas Mehl andicken, kühl stellen und dann zu einer cremigen Masse schlagen.

In einer Zuschrift erinnert sich ein Einsender an eine Speise, die aus eingeweichtem Roggenschrot und Süßstoff bestand.

„Ich erinnere mich an eine besondere Leckerei: Schlagsahne aus Kartoffeln. Drei rohe Kartoffeln fein gerieben, mit dem Schneebesen so lange geschlagen, bis ein weißer dicker Schaum daraus wurde. Dazu etwas Zucker und Mandelaroma.

„Ich war 13 Jahre alt, da hatten alle Kolleginnen unserer Mütter ein Betriebsvergnügen. Man schickte mich zum „Fischer-Bäcker", der machte (aus einem Eiweiß) einen ganzen Eimer voll Eischnee, der mit etwas Erdbeersaft rosa aussah. Als ich davon kostete, glaubte ich zu wissen, wie Schlagsahne schmeckt. Richtige Schlagsahne habe ich erst kennen gelernt, als ich schon erwachsen war. Gisela Hornig, Dresden

„Wir haben damals sehr viel Schlagsahne gegessen. „Falsche" natürlich, die entweder aus geriebenen, rohen Kartoffeln oder aus Molke zubereitet wurde. Molke war Käsewasser und konnte in Milchläden ohne Marken gekauft werden. Wir haben auch aus Milch, die damals schon nach zwei Tagen sauer wurde, Molke hergestellt. Die saure Milch wurde in ein Säckchen gefüllt und an den Wasserhahn gehängt. Was da raustropfte, war Molke und wurde aufgefangen.

„Bis die falsche Schlagsahne steif war, mußte kräftig und lange geschlagen werden. Aber nach einem ausgiebigen Schlagsahneessen war man richtig satt und voll. Ich habe mich dann zum Ausruhen auf das Sofa gelegt. Dann kam ein großer Rülpser, die Luft war raus und der Hunger wieder da. Eberhard Weiß, Borsdorf

SCHLAGSAHNE (einfach)

1/2 Liter Frischmilch oder Molke und 1/2 Liter Wasser zusammen aufkochen lassen, dann eine rohe Kartoffel schälen und fein reiben, dazugeben, und alles noch einige Male aufkochen lassen. Sehr gut erkalten lassen und am nächsten Tag mit einer Prise Salz und (Vanille-) Zucker schlagen, bis es steif ist.
Die Schlagsahne zu Kuchen reichen.

MAGERMILCHSCHAUM

1/2 l Magermilch
1 EL Mehl
1 TL Kartoffelmehl
1 EL Zucker oder 2 Tabl. Süßstoff
etwas Vanillearoma

Magermilch aufkochen und das mit wenig Wasser angerührte Mehl einrühren und die Masse bis zum nächsten Tag sehr kühl stellen. Am anderen Tag Zucker und Aroma zugeben und die Masse mit dem Schaumschläger von unten her locker aufschlagen, bis sie schaumig wird (ca. 20 Minuten). Ist die Masse dick, kann man noch etwas kalte Milch oder Wasser zufügen. Die Süßspeise ist nahrhaft und sehr sättigend.

„Die Bäcker hatten ein Gerät, mit dem sie aus einem Eiweiß und ein wenig Obstsaft eine große Schüssel voll „Schlagsahne" herstellen. War der Schaum fertig, so mußte man mit der großen Schüssel ganz schnell nach Hause rennen, wo die ganze Familie schon mit Löffeln in der Hand wartete. Die „Schlagsahne" mußte schnell verzehrt werden, nach kurzer Zeit war sonst nur ein Bodensatz trüber Brühe übrig.

Gisela Hornig, Dresden

„Magermilch gab es markenfrei, wir Kinder holten sie in einer Aluminium-Milchkanne, die wir „Milchbraut" nannten. Ein Heidenspaß, wenn wir versuchten, die gefüllte Milchkanne herumzuschwenken, ohne daß ein Tropfen verschüttet wurde. Mein Großvater nannte uns dünne, spillerische Mädchen, wenn wir durchgefroren und vor Kälte zitternd im Winter vom Spielen kamen: „Magermilchmädchen", denn die Magermilch, die wir erhielten, sah auch ganz bläulich aus.

Christa Taube, Frankfurt/Oder

Sirup und Zuckerrüben

Die Zuckerrationen reichten vorn und hinten nicht, und so wurde in ganz Deutschland aus Zuckerrüben „Sirup" gekocht. Viele Menschen haben weder Aufwand noch Mühe gescheut, aus Zuckerrüben durch Kochen, Auspressen und Eindicken des Saftes den begehrten Sirup herzustellen. Heute ist dieser Brotaufstrich ein Produkt für Liebhaber, in einigen Gegenden als „Rübenkraut" seit Generationen beliebt und bekannt.
Vergessen ist, daß Zehntausende von Menschen es dem selbstgekochten oder gehamsterten Sirup verdanken, daß sie nicht verhungert sind. Ein Sack Rüben, das war oftmals die Rettung. Eine heute 90jährige Frau erinnert sich: „Mein Vater hatte damals unser Radio für eine Wagenladung Zuckerrüben eingetauscht. Noch heute spüre ich die klammen Finger beim Rübenwaschen, sehe den Saft aus der Handpresse laufen und oben auf dem Sirup den Schaum, der mit einer Kelle abgeschöpft werden mußte. Der Kessel wurde ständig beobachtet, der Inhalt gerührt, damit der kostbare Rübensaft nicht anbrannte."

„Aus Rübenschnitzeln, aus denen wir schon allen Saft gepreßt hatten, versuchten wir einmal Klöße zu machen. Es war furchtbar, was am Ende herauskam, nicht genießbar. Doch wir versuchten es auf alle Fälle. Jeder hatte irgendwelche Ideen, und schöne Rezepte (wurden) weitergegeben. (...) Ich war mit fünf auch schon beim Plündern dabei. Wir wohnten in Leutzsch in der Nähe des Bahnhofs. Es ging damals durch Leutzsch von Mund zu Mund. Ein Zug mit Kesselwagen steht am Bahnhof, darin ist Rübensaft. Alles, was in Leutzsch Beine hatte, setzte sich in Bewegung, Kinder, alte Leute, die Mütter mit den Mädchen vor allem, aber auch Jungs. Mit Krügen, Töpfen - wir hatten eine große Milchkanne für mehrere Liter -, so strömten alle zum Bahnhof. Bei den Kesselwagen wurden oben die Verschraubungen gelöst. Die Leute hingen darauf, es war irre. Alles wurde ausgeschöpft, keiner kostete, irgendwie waren alle furchtbar aufgeregt. Dann lief das Zeug an den Wagen herunter, es war wirklich ein Chaos. Wir stürzten wieder davon, um die nächsten Töpfe zu holen, um den Zug wirklich leer zu machen. Einer kostete, und es schmeckte

Volksstimme, 12. Januar 1946

Zubereitung von Rübenblatt-Salzgemüse
(Rübenblätter wie Spinat)

Wiederholte Kochproben haben ergeben, daß eingesalzene Rübenblätter geschmacklich und gehaltsmäßig ein vollwertiger Ersatz für Spinat sind. Das zur Verteilung kommende Rübenblatt-Salzgemüse ist durch starkes Übersalzen haltbar gemacht worden. Es muß daher bei der Zubereitung (...) darauf geachtet werden, daß dem Gemüse der starke Salzgehalt durch Wässern entzogen wird. Man verfährt dabei am besten wie folgt: Die ganzen Blätter werden zwei- bis dreimal in reichlich lauwarmem Wasser kräftig gespült und ausgedrückt (nach jedem Spülen Wasser wechseln).
Danach läßt man sie in einem Gefäß, mit reichlich Wasser gefüllt, ca. 24 Stunden stehen. Nach ungefähr 12 Stunden soll möglichst das Wasser nochmals gewechselt werden. Nach dieser Behandlung verfährt man wie mit Frischgemüse. Die Blätter werden ohne Zusatz von Salz weich gekocht, durch den Wolf gedreht oder mit dem Wiegemesser verkleinert und wie frischer Spinat zubereitet.

eigenartig, ein bißchen bitter. Wir dachten, vielleicht ist das Zeug bloß sehr konzentriert. Aber es dauerte nicht lange, da ging es wieder von Mund zu Mund: Das ist kein Rübensaft, das ist Melasse, war irgendein Rückstand, nicht besonders gesundheitsförderlich oder sogar giftig. Alle hatten Angst und wollten das Zeug irgendwie loswerden. Bei uns im Hof wurden überall Löcher gegraben, was da gebuddelt wurde, erinnerte an kleine Gräber, Urnengräber – da hinein wurde die Melasse versenkt. Jeder hatte Angst, es könne jemand kommen und sagen, ihr habt das gestohlen. Jeder hatte Angst, es könne ihm etwas passieren. Jedenfalls war es eine furchtbare Enttäuschung, als wir diesen Rübensaft in die Erde eingraben mußten. Ahbe/Hofmann

” *Wurde in der Waschküche Sirup gekocht, dann war für uns Kinder der Höhepunkt, wenn sich obenauf ein köstlicher Schaum gebildet hatte, den wir dann geschleckt haben, bis uns unheimlich schlecht wurde.* Renate Brix, Leipzig

” *Weil Fett, besonders Butter, sehr knapp war, gab es wahlweise für 50 Gramm Fettmarken 150 Gramm „Saft“, so hieß der schwarze Rübensirup aus Zuckerrüben. Einmal bat ich so dringend, daß ich mir für eine Wochenration-Fettmarke Sirup kaufen konnte. Da ich diesen Sirup aber nicht nur früh und abends aufs Brot strich, sondern auch zwischendurch naschte, war er bald alle. So hatte ich dann eine halbe Woche nur trockenes Brot zu essen.* Gisela Hornig, Dresden

Volksstimme, 4. Januar 1946

42 000 Zentner Zuckerrüben geborgen

Eine Hilfsaktion großen Stils fand dieser Tage ihren Abschluß (...) 50 Lastwagen aus Leipzig und Chemnitz haben 23 Tage lang im Kreise Prenzlau-Uckermark 42 000 Zentner Zuckerrüben geborgen, die mangels eigener Verkehrsmittel der Volksernährung verloren gegangen wären. (...) Der Einsatz geschah unter härtesten Bedingungen für Fahrer und Fahrzeuge, oft bei strömendem Regen, grundlosen Wegen oder total ramponierten Straßen (...).

Kuchen

Ein Sonntagskuchen stellte den Höhepunkt der Hungerwoche dar. Die Rezepte mußten einfallsreich sein, weil meist Eier und Fett fehlten. Anstelle von Mehl wurden Grieß, Maismehl oder gekochte Kartoffeln verwendet. Viel Treibmittel, Hefe, Backpulver oder Natron waren notwendig, um die fett- und zuckerarmen Teige aufgehen zu lassen. Je weniger Fett und Zukker vorhanden waren, umso kürzer mußte die Garzeit sein. Blieb der Kuchen zu lange im Ofen, schmeckte er trocken oder strohig. Um dem Kuchen einen Geschmack zu verleihen, wurden künstliche Aromastoffe in einer breiten Palette angeboten: Arrak, Bittermandel, Sahne, Anis, Rumaroma. Sie gaben dem Kuchen eine Geschmacksrichtung, die annähernd an frühere, bessere Zeiten erinnerte.

KRÜMELTORTE

2 Tassen Mehl
2 Tassen Haferflocken
2 Tassen Grieß
1½ Tassen Zucker
1 Päckchen Backpulver
etwas Aroma

Die Zutaten verrühren, bis der Teig krümelt. Die Hälfte des Teigs auf den Boden einer Springform verteilen, etwas andrücken. Marmelade oder Sirup darüber geben, den restlichen Teig darüber krümeln und bei mittlerer Hitze backen.

„Das Rezept Krümeltorte stammt von meiner Mutter aus der Nachkriegszeit. Ich habe nach meiner Heirat oft diesen Kuchen gebakken. Als mein Sohn vor kurzem in Kalifornien geheiratet hat, bat er mich, ihm dieses Rezept zu schicken. Mit Erfolg wird jetzt Krümeltorte in Santa Monica gebacken.

Hildegard W., Dresden

Blechkuchen in 5 Minuten

Zutaten: 150 Gramm Mehl, 125 Gramm Zucker, ein halbes Päckchen Backpulver, ein Päckchen Vanillezucker, ein Ei und Zitronensaft. Das Ei wird mit dem Zucker schaumig gerührt, Vanillezucker und Zitronensaft werden untergerührt. Das Mehl wird mit dem Backpulver vermischt darangegeben, unter Beifügung von Milch wird der Teig kräftig gerührt und in noch etwas fließendem Zustande auf ein gefettetes Blech gebracht. Im vorher angeheizten Ofen wird der Kuchen in fünf Minuten abgebacken. Noch warm wird er in Stücke geschnitten, mit Zucker und Zimt bestreut oder aufgeschnitten mit Creme oder Marmelade gefüllt.

Bericht von einer Hamstertour

„Wir marschierten los, Richtung Pegau, Großdalzig, Zitzschen, also in die Nähe von Leipzig. Es war frühmorgens, wir sind um vier losgegangen, alles zu Fuß. Als wir in ein Dorf kamen, waren die Bauern in der Kirche, aber auf einem Hof spielte ein kleines Mädel.

Die sagte zu meinem Vater: „Onkel! Du bist wohl Besuch?"
Mein Vater: „Natürlich. Ich bin Besuch."
„Hast du mir auch was mitgebracht?"
„Eine Schachtel Schuhcreme."
Das war ja auch was, die Creme. Das Mädchen sagte:
„Da mußt du reinkommen, Onkel!"
Wir gingen in die Stube hinein, natürlich schlug mir das Herz.
Wir sahen auf dem Tisch, das ist keine Lüge, einen riesengroßen Berg Kuchen. Der Tisch war gedeckt für die Zeit nach der Kirche.
Mein Vater sagte zu mir: „Lothar, jetzt ist die Stunde des Glücks gekommen".

Mir schlug das Herz im Halse, ich aß kein einziges Stück Kuchen. Mein Vater aß und goß sich auch noch Milch ein und so weiter. Ich hatte solche Angst, ich guckte immer nur hinaus, ob nicht einer kommt. Mein Vater (zu dem) Mädchen: „Sag mal der Mami einen schönen Gruß von uns, wir können nicht so lange warten, aber der Onkel nimmt sich noch was mit." Er packte (ein) paar Stücke Kuchen ein, und dann liefen wir los, auf und davon.

Das ist verjährt. Jetzt in der Rückschau erscheint es einem lustig. Damals hatte ich große Angst. Ahbe/Hofmann

„Wer kommt da angefahren?"
„Das ist der Hamsterdampfer, der hat ein paar Kartoffeln zu viel an Bord."

MARMELADEN-NAPFKUCHEN

125 g Marmelade
150 g Zucker
500 g Weizenmehl
1 Päckchen Soßenpulver
1/8–1/2 l entrahmte Milch
100 g Rosinen oder getrocknete Backpflaumen
1 Päckchen Backpulver
Backaroma

Man rührt die Marmelade glatt und gibt nach und nach den Zucker, die Gewürze und das mit etwas Milch verrührte Soßenpulver hinzu. Backpulver und das gesiebte Mehl mischen und mit der übrigen Milch verrühren. Man verwendet nur soviel Milch, daß der Teig schwer (reißend) vom Löffel fällt. Rosinen oder sehr klein geschnittenes Trockenobst werden zuletzt unter den Teig gemischt. Den Teig in eine gefettete Backform füllen und etwa 60 Minuten bei Mittelhitze backen.

HASELNUSSKUCHEN

250 g Haselnußkerne
200 g Zucker
250 g Weizenmehl
1/2 l entrahmte Milch
4 TL Backpulver
Vanillezuckeraroma oder Bittermandel-Backaroma

Mehl mit Backpulver mischen, die gemahlenen Nußkerne und die übrigen Zutaten verkneten und in einer Form backen. Anstelle der Nüsse können auch gehackte Bucheckern, zerstoßene Pflaumenkerne oder getrocknete Apfelkerne genommen werden.

CREMEFÜLLUNG FÜR TORTEN OHNE FETT

1 Päckchen Puddingpulver
1/2 l Milch
50 g Zucker
1 Eischnee

Eischnee unter den erkalteten Pudding rühren und Torten oder Obstkuchen damit füllen.

FALSCHER BIENENSTICH

125 g Kunsthonig
125 g Zucker
100 g Haferflocken

Honig und Zucker zergehen lassen, Haferflocken darunter mengen, auf einen Hefeteig streichen und backen.

DAS REZEPT DES MONATS

Stachelbeertorte

sollte man mit einer weißen Schneehaube auf den Tisch bringen. In Zuckerlösung vorsichtig gekochte und gut abgetropfte Stachelbeeren auf einen fertigen Tortenboden legen. Vorher bestreichen mit Pudding oder Marmelade.
Schnee (auf 1 Eiweiß 50 g Zucker, am besten Staubzucker) ganz steif schlagen, über die Beeren streichen oder spritzen, kurz in die heiße Röhre stellen, damit der Schnee leicht trocknet und eine zarte gelbe Farbe bekommt. Zuletzt noch mit einigen besonders schönen Beeren verzieren.
Kein Eiweiß im Hause? Nun, dann in 1/4 Liter erkaltetem Stachelbeersaft 125 g feines Roggenschrot 2–3 Stunden einquellen, steif schlagen, die Torte damit überziehen, verzieren und — bald verzehren.

„Meine Mutter hat aus dunklem Mehl Blechkuchen gebacken, Rübensaft (Sirup) mit Weizenschrot vermischt, auf den Teig gestrichen, und das war dann „Bienenstich".

Ellinor Schneider, Leipzig

FALSCHE MOHNFÜLLE

70 g gebrühter und getrockneter Kaffee-Ersatz
3 gekochte, geriebene Kartoffeln
etwas Wasser oder Milch
Mandelaroma oder gemahlene Aprikosenkerne
Je 1 EL Sirup und Zucker

Alles zu einer geschmeidigen Masse verrühren und in einen Hefeteig mengen.

KARTOFFELKUCHEN I

500 Gramm rohe Kartoffeln reiben, mit einer Tasse Grieß und Zucker, etwas Salz und Aroma vermengen und unter den Teig 1 1/2 Löffel Natron mischen. Bei guter Mittelhitze backen.

KARTOFFELKUCHEN II

500 g Mehl
50–100 g Zucker
75–125 g Margarine
2 Eier
250 g tags zuvor gekochte Kartoffeln
1 Päckchen Vanillezucker
1 Päckchen Backpulver
1 Prise Salz

Fett schaumig rühren, nach und nach Zucker, Eier, Gewürz und die geriebenen Kartoffeln zugeben. Mehl mit Backpulver mischen, sieben und mit etwas Flüssigkeit und den anderen Zutaten zu einem mittelfesten Teig verarbeiten. Auf ein gefettetes Blech bei starker Hitze ca. 30 Minuten backen. Nach dem Backen mit etwas Fett bestreichen und mit Zucker bestreuen.

KAFFEETORTE

1 Tasse Kaffee-Ersatz
1 Tasse Mehl
1 Tasse Zucker
1 Tasse Grieß oder Haferflocken
1 geriebener Apfel
etwas Aroma
Backpulver

Die Zutaten mit etwas Wasser oder Milch zu einem Rührteig verarbeiten und in einer Form backen. Nach dem Erkalten in drei Teile schneiden und mit Marmelade oder Pudding füllen.

Kleingebäck

HONIGPLÄTZCHEN

150 g Zucker
300 g Mehl
1 Ei
2 Löffel Kunsthonig
Honigkuchengewürz
1/2 Backpulver oder 6 g Hirschhornsalz

Alle Zutaten mischen, Teig kneten, ausrollen. Mit einem Eierbecher die Plätzchen ausrollen und bei Mittelhitze backen.

KARAMELLKEKSE

200 g Mehl
100 g Zucker
30 g Butter
3-4 EL Wasser
1/2 Backpulver
2-3 EL Milch

70 g Zucker mit der Butter zusammen goldbraun rösten, mit dem heißen Wasser ablöschen und an die noch heiße Masse das Mehl geben. Wenn es gut verrührt ist, die übrigen Zutaten kräftig verkneten. Der Teig wird messerrückendick ausgerollt und Formen ausgestochen. Bei Mittelhitze backen.

MARMELADENPLÄTZCHEN

125 g Weizenmehl
100 g Zucker
1/4 Backpulver oder 3 g Hirschhornsalz
2 EL Marmelade
etwas Wasser
Vanillegeschmack

Mehl und Backpulver sieben, mit Zucker und Marmelade gut mischen. So viel Wasser zugeben, bis ein fester Teig entsteht. Mit einem Teelöffel Häufchen auf ein gut gefettetes Blech setzen. Bei Mittelhitze backen. Die Plätzchen sollen nicht auslaufen, eventuell noch etwas Mehl zugeben. Verwendet man nochmals Mehl, so wird dieses in etwas lauwarmem Wasser aufgelöst zugegeben.

KROKANTKUGELN

150 g gewiegte Haferflocken
2 EL Zucker
30 g Fett
75 g Zucker
etwas Mandelöl oder abgeriebene Zitronenschale
etwa 3 EL Wasser

Die Haferflocken werden mit dem Zucker geröstet und dann mit einem Nudelholz zerkleinert. Fett, Zucker und Geschmackszutaten verrührt man gut, gibt die Haferflockenmasse und die Flüssigkeit hinzu und formt dann Kugeln.

GRIESSKEKS

125 g Mehl
3/4 Beutel Backpulver
125 g Grieß
100 g Zucker
20 g Fett
6-8 EL Wasser oder Milch
1 EL Sirup

Alle Zutaten, das Mehl mit dem Backpulver gesiebt, werden auf dem Backbrett zu einem geschmeidigen Teig verknetet, dünn ausgerollt und nachdem man Kekse ausgestochen oder abgerädelt hat, auf dem gefetteten Backblech gebacken.

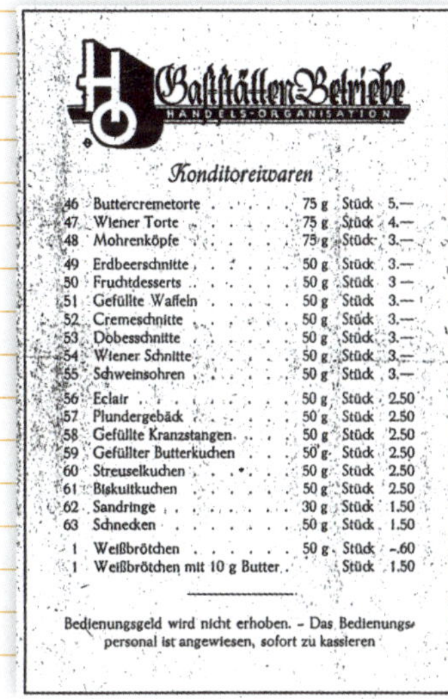
Gaststätten-Betriebe
HANDELS-ORGANISATION

Konditoreiwaren

46	Buttercremetorte	75 g	Stück	5.—
47	Wiener Torte	75 g	Stück	4.—
48	Mohrenköpfe	75 g	Stück	3.—
49	Erdbeerschnitte	50 g	Stück	3.—
50	Fruchtdesserts	50 g	Stück	3 —
51	Gefüllte Waffeln	50 g	Stück	3.—
52	Cremeschnitte	50 g	Stück	3.—
53	Dobesschnitte	50 g	Stück	3.—
54	Wiener Schnitte	50 g	Stück	3.—
55	Schweinsohren	50 g	Stück	3.—
56	Eclair	50 g	Stück	2.50
57	Plundergebäck	50 g	Stück	2.50
58	Gefüllte Kranzstangen	50 g	Stück	2.50
59	Gefüllter Butterkuchen	50 g	Stück	2.50
60	Streuselkuchen	50 g	Stück	2.50
61	Biskuitkuchen	50 g	Stück	2.50
62	Sandringe	30 g	Stück	1.50
63	Schnecken	50 g	Stück	1.50
1	Weißbrötchen	50 g	Stück	-.60
1	Weißbrötchen mit 10 g Butter		Stück	1.50

Bedienungsgeld wird nicht erhoben. - Das Bedienungspersonal ist angewiesen, sofort zu kassieren

Leipziger Volkszeitung, 7. Januar 1949

Tropfen, die zum Verhängnis wurden

(Bericht aus dem Schöffengericht vom 4.1.1949 gegen 14 ehemalige Bahnpolizisten)
Die Angeklagten hatten im Sommer 1948 die Aufgabe, stehende und durchlaufende Güterzüge auf dem Bahnhof Plagwitz zu bewachen. Ein Wachtmeister entdeckte dabei einen Waggon, der undicht geworden war und tropfte! Er untersuchte die mysteriöse Flüssigkeit näher und stellt fest, daß es sich um 96-prozentigen Sprit handelte! Sollte er dieses kostbare Naß in den Schmutz tropfen lassen? Nein! Also stellte er behände eine Büchse darunter. Tropfen kam zu Tropfen und füllte bald eine Flasche, die dem hauptverantwortlichen Hauptwachtmeister auf den Tisch gestellt wurde. Dieser verfügte unverzüglich, ein Schlossermeister sollte die undichte Stelle abdichten. Leider blieb der Erfolg aus, und so tropfte es lustig weiter. Die Bahnpolizisten hatten der Sache inzwischen Geschmack abgewonnen. Freilich perlte ihnen das edle Naß zu langsam, und so half man mit einem Schraubenschlüssel „nur ein ganz klein wenig nach". Das genügte, um in einigen Tagen eine kleine Batterie von Flaschen zu füllen. Der so gewonnene Sprit wurde gegen Lebensmittel vertauscht, z.w.T. selbst verbraucht, und ein Kanister von 4 1/2 Litern wurde nach Berlin verschoben.

Getränke

Im Sommer bestand unsere „Limonade" aus Essigwasser, mit etwas Zukker oder Süßstoff gesüßt. Bernd K., Dresden

Für den Winter sammelten wir jede Menge Blätter für Tee. Im Frühjahr die Huflattichblätter, im Herbst die Blütendolden der Schafgarbe. Waren Himbeeren oder Brombeeren abgeerntet, wurden die Blätter noch für den Winter gepflückt. Charlotte Müller, Liebertwolkwitz

Die Samen von süßen Lupinen wurden geröstet, gemahlen und als „Bohnenkaffee" gekocht. Anna Sch., Riesa

WINTERGETRÄNK

1/2 l Magermilch
1 TL schwarzer Tee
1 Prise Vanillezucker
20 g Zucker
1 Ei
1 EL Kartoffelmehl

Milch mit Tee aufkochen und zehn Minuten ziehen lassen. Durch ein Sieb geben und mit Zucker und Vanillezucker abschmecken. Ei mit Kartoffelmehl verquirlen und in den Tee geben. Unter Rühren noch einmal kurz aufkochen lassen.

BRAUSEPULVER

50 g Weinsteinpulver
50 g Natronpulver
150 g Puderzucker

Die Zutaten gut vermischen, am besten in einem verschlossenen Glas schütteln.
Für ein Glas Brause schüttet man einen Teelöffel Pulver in ein Wasserglas und füllt mit kaltem Wasser auf. Wenn vorhanden, einige Tropfen Himbeersaft dazugeben.

WIESENWEIN
(aus Löwenzahn/Hundeblume)

1 kg Löwenzahnblüten
4 l kochendes Wasser
500 g Zucker
Weinhefe

Im Frühsommer werden die honigreichen Blütenköpfe gesammelt, gewaschen und mit dem kochenden Wasser übergossen. Sofort den Zukker zugeben, umrühren und alles 24 Stunden stehen lassen. Danach alles durch ein Sieb geben und die Flüssigkeit mit Weinhefe vergären, wie bei Obstweinen üblich.

HONIG-HEISSGETRÄNK

In einem Liter Wasser kocht man einige Stielchen Majoran kräftig aus. Dann nimmt man sie heraus und läßt 100 Gramm Kunsthonig in dem Wasser zergehen. Zum Schluß etwas Zitronenaroma zugeben.

„Meine Eltern feierten oft mit Freunden und Bekannten. Dazu wurde selbst gemachter Hagebuttenwein getrunken. Uta Kupfer, Markkleeberg

„Als Getränke standen Malzkaffee, den Großmutter, wenn Gerste zur Verfügung stand, in der Rösttrommel selbst fertigte, an besonderen Tagen Wein aus eigenem Anbau (Meißen) zur Verfügung. Dr. Dieter Panier, Ilmenau

Anweisungen und Mitteilungen der HO-Gaststätten Zentrale Leitung Berlin, den 27. Februar 1952

Rückgabe von Flaschenkorken

Es besteht z. Zt. eine außerordentliche Knappheit an Korken. Diese Knappheit an Korken wird in der nächsten Zeit wahrscheinlich nicht behoben werden, da Schwierigkeiten bei der Einführung des zur Herstellung von Korken benötigten Korkholzes bestehen.
Es wird daher angewiesen: Sämtliche anfallenden Korken aus Spirituosen- und Weinlieferungen sind an die jeweiligen DHZ Innere Reserven oder an die Produktionsfirmen gegen Berechnung zurückzuliefern. Korken aus Traubenschaumwein-Lieferungen sind der Sektkellerei Freyburg a. d. Unstrut gegen Berechnung zurückzuliefern. Von der Rücklieferung wird eine ausreichende Belieferung unserer Gaststätten mit Spirituosen, Weinen und Traubenschaumweinen abhängen.

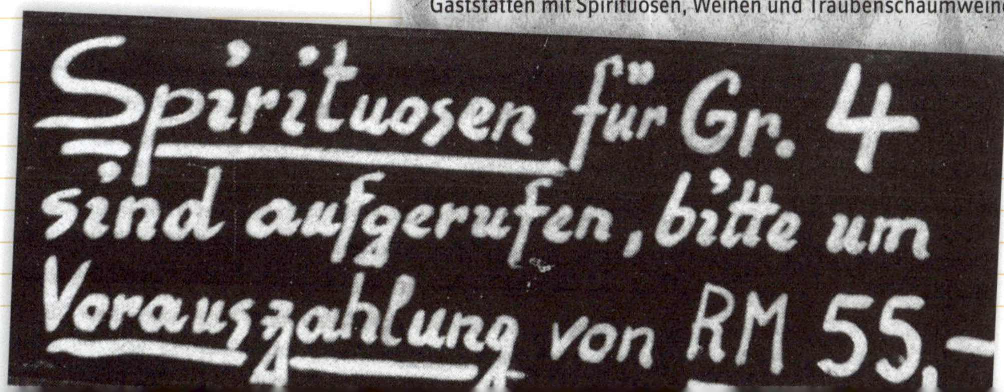

Haushaltsführung in der Notzeit

Haushaltsgegenstände

Viele Familien hatten Haus, Hof und Küche durch Bombenangriffe verloren. Flüchtlingsfamilien besaßen nur das, was sie auf dem Leibe trugen. Es fehlte an allem, vom Stubenbesen bis zum Kochlöffel, von der Waschwanne bis zur Zopfspange. Aber es mußte gekocht, gewaschen und geputzt werden. Manche Haushaltsgegenstände in ungewöhnlicher oder primitiver Form findet man heute gelegentlich noch auf Trödel- oder Flohmärkten.

Es kommt in jedem Haushalt auf folgendes an:

1. Die ganze Haushaltführung möglichst einfach zu gestalten:
   a) um der Hausfrau Zeit und Kraft zu sparen,
   b) um Kohle, Gas, elektrischen Strom (Turmkochen, Sparringe, Kochkiste, Grude verwenden), Reinigungsmittel und jegliches Material zu sparen.
2. Die vorhandenen Nahrungsmittel in ihrem vollen Wert auszunutzen und nichts umkommen zu lassen.
   a) Nur das erhitzen, was unbedingt erhitzt werden muß.
   b) Nahrungsmittel möglichst kurze Zeit der Hitzeeinwirkung aussetzen.
   c) Nahrungsmittel in ihrem vollen Wert verwenden und für möglichst wenig Abfallstoffe sorgen.
   d) Nahrungsmittel nie längere Zeit im Wasser liegen lassen, da wichtige Nährstoffe vom Wasser ausgelaugt werden.
   e) Nahrungsmittel in geschlossenen Töpfen gar machen, bis auf einige Ausnahmen (Klöße, Nudeln, Eier).
   f) Nicht nach altgewohnter Weise kochen und braten, sondern mit der geringsten Fett- und Fleischmenge auskommen und mit allen Dingen so sparsam wie nur möglich sein.
   g) Beim Braten in der Pfanne stets flüssiges Fett verwenden, am sparsamsten, wenn mit der Schnittfläche einer Zwiebelhälfte auf die Pfanne gestrichen.
   h) Reste sauber und kühl aufbewahren, rechtzeitig und geschickt verwenden.
   i) Größere Mengen von Nahrungsmitteln gut und sachgemäß lagern und wiederholt auf Haltbarkeit hin prüfen und sondern.

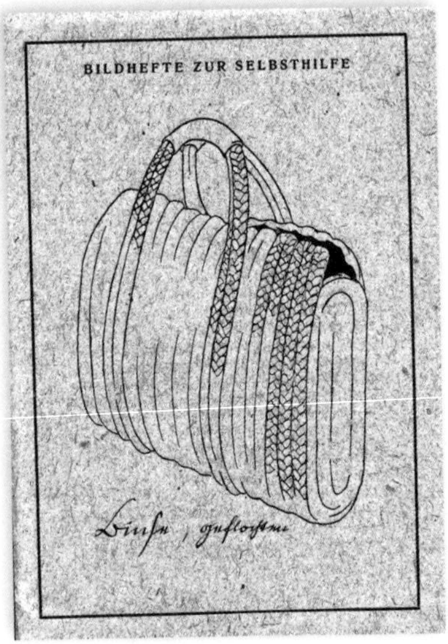

Einkaufstasche, aus Binsen geflochten (Selbstanleitungsheft), 1946

Hier eine Liste, was man dringend brauchte oder sich als Behelf beschaffen mußte.

Essentrage, Essenträger, Henkelmann - zum Empfang von Schulspeisung und um dem Vater das Essen in die Fabrik zu bringen. **Schaumlöffel und Schneebesen** halfen bei der Zubereitung von Klößen und bei der Herstellung der beliebten „falschen" Schlagsahne.

Küchengeräte wie **Kartoffelstampfer, Siebe und Reiben** wurden häufig aus Aluminium-Flugzeugteilen hergestellt. **Quirle** fertigten Kleinhändler aus der Spitze einer Fichte. **Kohlenschaufeln** produzierten Kleinbetriebe aus Blech und Kriegsschutt. Kohlen wurden nicht ins Haus geliefert, sondern mußten vom Händler abgeholt werden. Dazu benötigte man **Säcke oder Kisten**. Waren sie nicht vorhanden, dann behalf man sich mit einer Kommodenschublade. Ein Mangel herrschte an großen **Schüsseln oder Wannen**, die zur Körperpflege, zum Wäschewaschen oder auch zur Vorbereitung von Einmachgut gebraucht wurden. Wer über einen großen **Waschkessel** verfügte, konnte Sirup kochen. **Nachttöpfe** waren unentbehrlich, sie wurden auch aus Stahlhelmen hergestellt. **Zeitungspapier** wurde in handliche Stücke geschnitten und ins Klo gehängt. Zu den wichtigsten Gegenständen gehörten **Koffer**, meist aus Holz hergestellt. Viele Männer besaßen noch Wehrmachtskoffer, Kriegsgefangene brachten ihr kümmerliches Hab und Gut in Koffern oder Kisten aus der Gefangenschaft mit. Geschickte Frauen nähten **Taschen** aus Lederflecken, Möbelstoffresten oder Mehlsäcken.

Sie flochten Mappen aus Haferstroh, Papierschnur oder Kunststoff (Igelit). Taschen und Beutel trugen häufig noch Aufdrucke wie Deutsche Reichspost oder Mitropa. Brotbeutel, die die Aufschrift „Hitlerjugend" trugen, konnte man wenden. In den Nachkriegsjahren ging niemand ohne **Einkaufsnetz** aus dem Haus. So hatte man jederzeit ein Behältnis dabei, wenn Sonderzuteilungen aufgerufen wurden oder der Wind die ersten Falläpfel von den Bäumen riß. Für den täglichen Einkauf war eine **Tasche** für die vielen unterschiedlichen Lebensmittelkarten und Bezugsscheinabschnitte unerläßlich.

Ein **Rucksack** wurde wie ein Schatz gehütet. Er war fast täglich bei Hamsterfahrten und Verwandtenbesuchen im Einsatz. **Körbe und Kisten** wurden auf dem Lande und im Kleingarten besonders schmerzlich vermißt. Häufig verdarben empfindliche Früchte wie Erdbeeren auf den Feldern, weil Transport- und Verpackungsmaterial fehlte. In **Eimern** und **Milchkannen** transportierte man Magermilch, Wurstbrühe, die es markenfrei gab oder holte die Schulspeisung für ein erkranktes Kind. Bei der Vorbereitung des Mittagessens wurde der **Fleischwolf** fast täglich benutzt. Alles, was unansehnlich, wenig schmackhaft, hart oder holzig war, wurde „durch den Wolf" gedreht. Innereien, Fischlappen oder Kohlstrünke ergaben Bouletten oder Klopse. **Handwagen und Fahrräder** wurden oft gestohlen. Vorsichtige Bürger ließen diese Wertgegenstände nicht im Schuppen oder Keller, sondern „parkten" sie im Schlafzimmer. Bastler stellten kleine **Rollwagen** her. Das Gestell bestand aus Fichtenholz, Achsen aus Eisenrundstäben und die Räder aus Aluminiumguß. Ein beliebtes Schmuggelgut waren **Ersatzteile für Fahrräder** wie Schläuche und Mäntel. Bei einem Besuch in Berlin wechselte man „schwarz" Ost- in Westgeld und besorgte sich bei Karstadt das Gewünschte. Vorsichtige Bürger wanden sich die Schläuche um die mageren Hüften, denn die Kontrollen an der Grenze zu Ostberlin waren scharf.
Wer über einen **Destillierapparat** zum Schnapsbrennen, über eine **Öl-** oder **Zuckerrübenpresse** oder einen **Tabakschneider** verfügte, hatte viele Freunde und häufig Gäste. Für den Wintervorrat von Obst und Gemüse wurden **Weckgläser, Weckringe** und **Spangen** gebraucht.
Omas **Kaffeemühle** verwandelte gestoppelte Getreidekörner in Grütze oder Mehl. Jeder **Faden**, jedes Stückchen **Schnur**, jede **Schraube**, selbst krumme oder rostige Nägel hob man auf, denn irgendwann und irgendwo konnte man es gebrauchen.

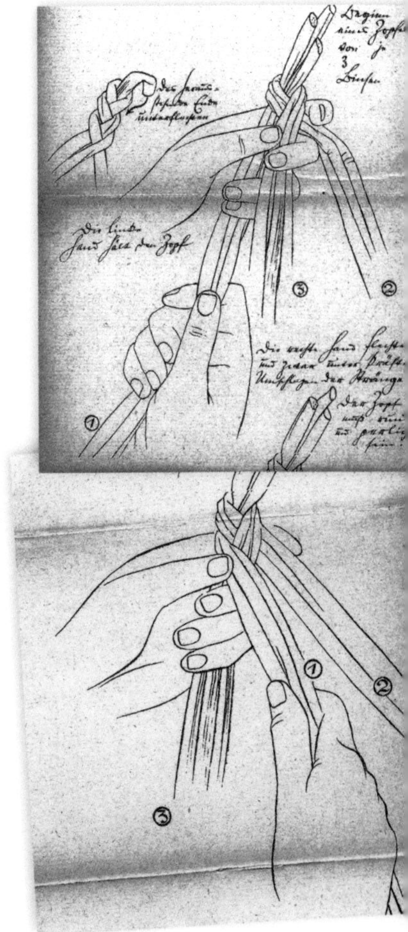

Kochen und Kühlen

Nur wenige Familien verfügten nach dem Krieg über eine eigene Küche. In großen Wohnungen lebten mehrere, meist kinderreiche Familien zusammen. Der Platz in der Küche mußte täglich erkämpft werden. Streit war nicht selten. Elektro- und Gasherde existierten nur in der Erinnerung an bessere Zeiten, der Kohleherd war die Regel. Feuerung mußte beschafft, Holz zerkleinert und Feueranzünder wie Reisig, Späne oder Kleinholz besorgt werden.

Holz und Kohlen waren immer knapp und so kam eine alte - im Ersten Weltkrieg sehr bewährte - Garmethode wieder in Gebrauch: **die Kochkiste.** Eine Blech- oder Holzkiste wurde mit Sägespänen oder Holzwolle schön fest ausgepolstert. In der Mitte blieb eine Mulde für den Kochtopf. Getreide-

WENN MAN KEINEN *Eisschrank* HAT

Empfindliche Lebensmittel müssen vor dem Verderb geschützt werden. Diese Aufgabe bereitet den Hausfrauen besonders in den Sommermonaten zuweilen rechte Schwierigkeiten. Stehen weder ein Eisschrank noch ein kalter Keller zur Verfügung, dann müssen wir uns eine Behelfsanlage schaffen. Vor allem, wenn es gilt, die Nahrung für einen Säugling stets einwandfrei zu erhalten!

Ganz einfach sind die Möglichkeiten, die Verdunstungskälte auszunützen. In eine Schüssel mit kaltem Wasser werden die leicht verderblichen Nahrungsmittel gestellt, ein großer poröser Blumenasch wird darübergestürzt und die Bodenöffnung mit

oder Reisgerichte konnten auf dem Herd kurz angekocht werden, dann verschwand der Topf in der Kiste. Die Kochkiste noch mit Decken fest einhüllen und nach ein bis zwei Stunden waren Getreidekörner oder Milchreis fertig. Wer keine Kochkiste sein eigen nannte, behalf sich mit dem „Kochen im Federbett". Der Topf mit kurz angegarter Speise wurde in Zeitungspapier eingehüllt, in Tücher oder Decken verpackt und in das Bett zum Fertigkochen gestellt.
Sparen durch Turmkochen: Die Speisen wurden angekocht und die Töpfe auf passende Ringe übereinander gestellt und weiter gekocht. Man konnte drei Töpfe aufeinander stellen und brauchte dafür nur eine Flamme. Im oberen Topf erwärmte man Wasser zum Abwaschen.

In der heißen Jahreszeit mußten die leicht verderblichen Lebensmittel wie Fett, Fleisch oder Fisch sofort verbraucht werden. Wir können uns heute kaum noch vorstellen, wie man **ohne Kühlschrank** auskommen konnte. Die Hausfrauen mußten sich viele Methoden oder Tricks ausdenken, um die Lebensmittel etwas kühl zu halten.
Hier einige Tips aus den Zeitungen und Zeitschriften der Nachkriegszeit. **Gemüse** in Zeitungspapier einschlagen und in einem Steintopf aufbewahren. **Fleisch** anbraten, vollkommen erkalten lassen, zwischen zwei Teller legen und in ein feuchtes Tuch hüllen. **Butter oder Margarine** in einer Tonbutterdose aufbewahren oder fest in Papier einpacken und in kaltes Salzwasser legen. Wasser öfter erneuern. **Käse** in ein in Salzwasser getunktes Tuch einwickeln. **Eier, Speck und Wurst** in Papier einschlagen und im Ofenloch aufbewahren. Die dort herrschende kalte Zugluft bekommt den Nahrungsmitteln ganz ausgezeichnet.

Ersatzstoffe

Die Nachkriegsjahre waren geprägt durch Ersatzstoffe, die häufig weder vom Geschmack noch vom Aussehen der „echten Ware" aus der Vorkriegszeit ähnelten.

Findige Hausfrauen stellten zum Beispiel „Falsche Kapern" her. Die in den ersten Frühlingswochen gesammelten Blütenknospen der Gänseblümchen, des Löwenzahns oder der Sumpfdotterblume wurden kurz gewaschen und mit einer starken Essiglösung übergossen und gut verschlossen. Die „falschen Kapern" eigneten sich zum Würzen von Gemüse und Fischgerichten, für Soßen und Brotaufstriche.

Im Herbst, der Haupteinweckzeit für Gemüse und Obst, wurde selbst Essig zur Mangelware. Auch hier ein Tip: Die Früchte der Berberitze verlesen, entstielen, waschen und zerdrücken. Mit wenig Wasser weich kochen, durch ein Sieb geben und den heißen Saft in Flaschen geben und gut verkorken. Der Saft kann als Säuerungsmittel wie Zitrone und Essig verwendet werden.

Als Ersatz für scharf gewürzte Gerichte empfahl man die geschlossenen Knospen der Kapuzinerkresse.

Als Wintervorrat eigneten sich getrocknete Kräuter wie Petersilie, Sellerielaub, Estragon, Majoran und Thymian.

Für das Weihnachtsgebäck fehlten Nüsse und Mandeln. Als Notbehelf konnten Pfirsich-, Aprikosen- oder Pflaumensteine dienen. Die Steine aufschlagen, die Kerne zerkleinern und verwenden.

Ersatz für Milch bildete das Milchpulver oder die Trockenmilch. Essigsaft konnte durch Entdampfen von Molkenessig oder Rhabarbersaft hergestellt werden.

Spartips

Die Fettzuteilungen waren äußert knapp bemessen und so versuchte man, **Fett zu sparen**. Zum Beispiel: Schneiden Sie eine rohe Kartoffel in der Mitte durch, lassen Sie etwas Fett in einem Näpfchen zergehen und benutzen Sie dann zum Einfetten der Pfanne die in das Fett getauchte Kartoffel.

Gewürze sparen: Lorbeerblätter und Gewürzkörner werden nur kurz mitgekocht, um sie nach dem Trocknen mehrmals zu verwenden.

Eier sparen: Man kann häufig ein Ei durch einen Löffel Milch ersetzen.

ERSATZ FÜR KAPERN: Unreife, grüne Holunderbeeren oder Knospen von Gänseblümchen oder entkernte Samenkapseln der Kapuzinerkresse.
Diese „Deutschen Kapern" über Nacht leicht einsalzen, mit kochendem Essig übergießen, in weithalsige Flaschen füllen, verkorken und kühl und dunkel aufbewahren.

ERSATZ FÜR ZITRONAT: Dicke Kürbisscheiben in Zuckerwasser glasig kochen, trocknen lassen, verschlossen aufbewahren, stiftig oder würflig schneiden, wie Zitronat verwenden.

ERSATZ FÜR KAKAO: Rote Beete roh raspeln, im Ofen braun rösten, durch die Kaffeemühle drehen (2—3mal), durch ein feines Sieb streichen und diesen Kakaoersatz zu Getränken, Suppen, Speisen und Gebäck verwenden.

ERSATZ FÜR BUTTERMILCH: Molke, ein noch eiweißhaltiges Erzeugnis.
Als Aufguß für dunkle Suppen und Soßen sehr geschmackverbessernd.
Bei starker Säurung zu Salatsoßen und Mayonnaisen verwenden. In frischem Zustand zu allen Süßspeisen verwenden und als Flüssigkeit in alle Teige mischen, ruft Lockerung und Bräunung des Gebäcks hervor.

ERSATZ FÜR FRUCHTSAFT: Saft von roten Beeten. Roh geraspelte rote Beete in kaltem Wasser ansetzen, ½ Stunde kochen lassen, Saft durchgießen, zur Hälfte mit Molke mischen und wie Fruchtsaft verwenden.

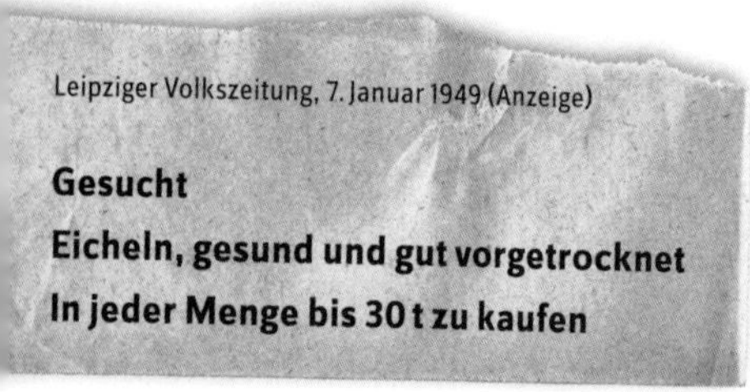

Leipziger Volkszeitung, 7. Januar 1949 (Anzeige)

Gesucht

Eicheln, gesund und gut vorgetrocknet

In jeder Menge bis 30 t zu kaufen

Verwendung von Eicheln

Bereits in den Hungerjahren nach dem Ersten Weltkrieg erinnerte man sich an die Verwendung von Eicheln zur menschlichen Ernährung. Schon im Herbst 1945 wurden die Menschen aufgefordert, Eicheln zu sammeln und nach entsprechender Vorbereitung als Mehlersatz zu verwenden.
Das Verfahren war jedoch äußerst umständlich und zeitraubend. Bei trokkenem, sonnigem Herbstwetter mußten die runden, dicken und einwandfreien Eicheln gesammelt und in trockenen Räumen oder Böden gut durchgetrocknet werden.
Auf großen eisernen Pfannen ließen sich die Eicheln dann solange rösten, bis die äußere harte Schale platzte und sich die innere dünne braune Haut abziehen ließ.
Wurden die Eicheln in diesem Zustand gemahlen und als Mehl verbraucht, gab es unangenehme Nebenwirkungen. Die Gerbsäure der Eicheln färbte die Zähne dunkel und führte zu Verstopfungen.
Deshalb mußten die Eicheln einer Prozedur der Entbitterung unterzogen werden: stundenlanges Wässern, bis sich ein weißer Schimmer bildete, der dann abgewaschen wurde. Diese Behandlung mußte mehrmals wiederholt werden. Danach sollten die Eicheln mehrere Wochen getrocknet werden, bis sie in einer Mühle zu Mehl verarbeitet werden konnten.
Allerdings war das Eichelmehl „nährwertmäßig gering", wie das Institut für Ernährung und Verpflegungswissenschaft im Oktober 1946 auf Anfrage mitteilte.
Kastanienmehl konnte nur industriell in einem aufwendigen Verfahren hergestellt werden, in Zeiten äußerst knapper Getreideernten wurde – der Not gehorchend – Eichelmehl dem Brotmehl zugesetzt.

Viele Zeitzeugen berichten von der Verwendung von Eicheln, die heute als nicht mehr zeitgemäß betrachtet werden sollen. Zum Beispiel wurden die nach dem Grundrezept vorbereiteten Eicheln in einer Kaffeemühle gemahlen und dann mit heißem Wasser übergossen. Eine Prise Zucker oder eine Süßstofftablette verfeinerten den **Eichelkaffee**. Zur Weihnachtszeit verlängerte man den Kuchenteig - meist ohne Fett und Ei - mit zerkleinerten Eichelstückchen und würzte ihn mit Bittermandelaroma. Man nannte es **„Eichelkonfekt"**.

Vorratshaltung

„Wir waren als Flüchtlinge in der Nähe von Görlitz. Verwandte meiner Mutter waren beruflich viel in Ungarn und Rumänien unterwegs und brachten - damals sicherlich ein Wunder - riesige Mengen Knoblauch mit. Nach einem Rezept aus einem alten Kochbuch legte meine Mutter diese Schätze in Essig ein und fand dafür besonders in der kalten Jahreszeit viele Abnehmer. Auch die Russen haben diese Zusatznahrung sehr geschätzt, und es wurde ein heiß begehrtes Tauschgut. Knoblauch ist gesund, und nach diesem Rezept lege ich mir Jahr für Jahr einen Vorrat an! Elisabeth K. jetzt Nürnberg

„Im Herbst 1949 oder 1950 hatten wir eine reichliche Ernte von Tomaten. Weil aber plötzlich kühles Wetter einsetzte, wurden die Tomaten nicht rot, sondern mußten körbeweise grün abgenommen werden. Ich weiß noch, daß alle möglichen Rezepte probiert wurden, um die kostbaren Früchte für den Winter haltbar zu machen. Elisabeth K., jetzt Nürnberg

„Im Herbst wurde Saft gekocht und in Flaschen abgefüllt. Für Gelee gab es eine praktische Methode. Ein Küchenhocker kam umgedreht auf den Küchentisch. Ein Tuch oder auch eine Babywindel wurde an den vier Hockerfüßen befestigt und darunter eine Schüssel gestellt. Der Obstbrei kam oben hinein und lief langsam, meist über Nacht durch. Der Saft wurde ganz klar und konnte mit Zucker zu Gelee verarbeitet werden. Herta K., Dresden-Neustadt

MARMELADE AUS GRÜNEN TOMATEN

Grüne Tomaten waschen, vierteln und mit sehr wenig Wasser gar kochen. Durch ein Sieb streichen und mit Zucker, Anispulver oder Fenchelsamen mischen, aufkochen lassen, heiß in Gläser füllen und diese zubinden. Grüne Tomaten lassen sich auch zusammen mit Kürbis oder Pflaumen zu Marmelade kochen. Nimmt man reife Äpfel und grüne Tomaten, dann etwas Zitronenaroma zufügen.

EINGELEGTER KNOBLAUCH

500g Knoblauch
1/2 l Essig
Pfefferkörner, Pimentkörner
4 Lorbeerblätter
2 Nelken
4 TL Zucker
1/2 l Wasser

Wasser, Essig und die Gewürze fünf Minuten kochen lassen, dann die geschälten Knoblauchzehen hineinlegen und nochmals kurz aufkochen. Alles gut durchziehen lassen und in kleine, gut verschließbare Gläser füllen. Die Zehen eignen sich als Brotbelag, geben gemischtem Salat einen würzigen Geschmack, oder man ißt sie wie Knabberzeug zu einem Glas Wein.

Jedes Stück Obst wurde verarbeitet, jeder Fallapfel kam in die Küche. „Ringäpfel" hießen die Apfelscheiben, die man im Backofen trocknete und die im Winter wunderbar schmeckten. Berta K., Pirna

Im Herbst wurde jeden Tag eingekocht, wir sagten "eingeweckt". Da gab es einen riesigen Topf, in den ein Einsatz gestellt wurde, die Gläser mit Obst oder Gemüse mußten mit Gummiring und Deckel verschlossen sein. Darüber wurde noch eine Klammer befestigt. Dann kam Wasser in den Topf und alles wurde gekocht. Die Gläser durften nicht heiß herausgenommen werden, sondern mußten im Topf abkühlen. Wir Kinder warteten solange in der Küche, bis die Gläser herausgenommen wurden. Denn dann kam die Stunde der Wahrheit. Die Klammer kam ab und Mutti probiert ob das Glas „zu" war. Großer Jubel bei uns, wenn der Deckel sich leicht öffnen ließ. Wir durften dann das Kompott gleich an Ort und Stelle aufessen, aber für den langen Winter hatten wir dann ein Glas Eingewecktes weniger. Brünnhilde L., früher Dresden, jetzt Bad Steben

„Wir hatten einen Garten, und es wurden viel Stangenbohnen und Erbsen angebaut. Es gab im Handel Blechbüchsen, und meine Mutter hat dann die Büchsen mit Gemüse gefüllt und Wasser zugegeben. Wir sind dann mit einem Wägelchen oder Rollfix mit samt den Büchsen durch die Straßen gefahren zur Dosenschließzentrale. Dort wurden die Deckel geliefert und jede einzelne Dose maschinell verschlossen. Zu Hause hat dann meine Mutter die Büchsen in dem großen Einweckapparat gekocht. Die Dosen wurden aufgehoben und später zum Kürzerschneiden gebracht und wieder zum Einkochen verwendet.

Ellinor Schneider, Leipzig

„Bohnen, Möhren und Sellerie wurden auf Kuchenbleche gebreitet und beim Bäcker für 10 Pfennige pro Blech getrocknet. Susanna Neumann, Leipzig

WEISSKOHL MIT GRÜNEN TOMATEN

4 kg Weißkohl
4 kg in Streifen geschnittene grüne Tomaten
5 in Scheiben geschnittene Zwiebeln
1/2 Tasse Salz
2 1/2 l verdünnter Einmachessig
500 g Zucker
Gewürze wie Nelken, Ingwer oder Pfefferkörner (auch Ersatz)

Alles vermengen und über Nacht stehen lassen, bis sich Saft gebildet hat. Den Saft ablaufen lassen und mit Essig, Zucker und den Gewürzen aufkochen und über die Weißkohl/Tomatenmasse gießen. In Steintöpfe schichten, ein Tuch darüber legen und mit Brett und Stein beschweren. Später als Rohkostsalat oder gekocht wie Sauerkraut verwenden.

Stadt
Bezugs-Ausweis 1947
für Tabakwaren und Sonderzuweisungen
Name: Vorname:
Wohnort: Wohnung:
D 01
Verlorene Karten werden nicht ersetzt!
T 11 Anmeldung Tabakwaren
T 11 Tabakwaren 1947
T 12 Anmeldung Tabakwaren
T 12 Tabakwaren 1947
S II Sonderzuweisungen 1947 · S III Sonderzuweisungen 1947 · S IV Sonderzuweisungen 1947 · S V Sonderzuweisungen 1947 · S VI Sonderzuweisungen 1947 · S VII Sonderzuweisungen 1947 · S VIII Sonderzuweisungen 1947 · S IX Sonderzuweisungen 1947
S II Anmeldung Sonderzuw. · S III Anmeldung Sonderzuw. · S IV Anmeldung Sonderzuw. · S V Anmeldung Sonderzuw. · S VI Anmeldung Sonderzuw. · S VII Anmeldung Sonderzuw. · S VIII Anmeldung Sonderzuw. · S IX Anmeldung Sonderzuw.
S XI · S XI Anmeldung Sonderzuw.

Selbstversorgung

Kleingärten und Tabak

» Überall waren Kleingärten, auch in Grünanlagen und Parks. Die Leute bauten Gemüse an, besonders Weiß- und Rotkohl. Im Herbst wurde viel gestohlen, die Leute klauten die Kohlköpfe, so daß nur noch die äußeren Blätter da waren. Ingeborg Schramm, Böhlitz-Ehrenberg

CHESTERFIELD
HABANA
VIRGINIA
ÄGYPTISCH
TUKA
Tabak-Veredlungs-Beize
Gebr. Kretzschmar Nachf., Leipzig
in Drogerien und allen Tabakfachgeschäften

Stadtarchiv Leipzig ZGS 1945-1990, Nr. 344

Rundbrief für die Helfer der Volkssolidarität, Kreisausschuß Leipzig, Ende April 1949

Unter dem Stichwort „Die Sonnenblume hat das Wort" wurden die Leser aufgefordert, im Garten, am Feldrand, an Wegrändern, auf Brachland, selbst auf Trümmern unserer kriegszerstörten Städte Sonnenblumen anzupflanzen. Leider gab es in Leipzig nur wenig Samen, Kleingärtner wurden zu großen und kleinen Samenspenden aufgefordert.

Im Herbst wurde um jede Sonnenblume ein Tuch gebunden, damit kein Vogel den Samen stehlen konnte. Charlotte Müller, Liebertwolkwitz

Wer einen Garten hatte, konnte Hühner halten, und die Eier bereicherten den Küchenzettel. Wir Kinder mußten Ähren sammeln, damit wir Futter für die Hühner hatten. Meine Eltern haben im Garten auch Mohn angebaut, daraus wurde Öl gepreßt. Karla Warnke, Leipzig

Jeder brauchbare Fleck Erde wurde umgegraben, Tomaten und Gurken wuchsen sogar an Straßengräben und Bahndämmen. Wurde Hufschlag vernommen, stürzte, wer konnte, ins Freie, um anfallende Pferdeäpfel sofort zur Düngung einzusammeln. Karnickelmist wurde vornehmlich unter die jungen Tomatenpflanzen gezogen, was ansehnliche Früchte förderte.
Peter Thomas, Kirchberg

Meine Tante erzählte uns oft von den schrecklichen Zeiten nach 1945. Sie wußte aber auch Lustiges zu berichten. So wurde im Garten des Krankenhauses, in dem sie arbeitete, Gemüse angebaut. Besonders erfolgreich war die Tomatenernte, armdicke Stauden mit vielen Früchten. Das Geheimnis? Als „Dünger" verwendete man die Reste der Blutabnahme-Spritzen.
Karin Sommer, Petersdorf

(...) Gang durch die Güntzstr.: ihre Villen sind alle zerstört, um jede Villa wächst gepflegtes Gemüse, am Tor der Name des Pächters oder der Pächter, häufig die Warnung: Betreter werden als Plünderer verfolgt! Victor Klemperer

Überall wurden Kleingärten und Parzellen angelegt. In Leipzig sogar auf der verschlammten Fläche des 100 m breiten und kilometerlangen Elsterflutbettes, das zu dieser Zeit durch die Zerstörung der Ablaufwehre fast ausgetrocknet war. Rosemarie Starke, Leipzig

„Meine Tante war stolze Pächterin eines Kleingartens. In der schweren Zeit hat sie uns davon ein Stück zur Bearbeitung abgetreten. Da gab es dann Erdbeeren, Himbeeren, aber auch Bohnen, Kohlrabi und Tomaten. Dafür mußten wir von zu Hause eine halbe Stunde mit der Straßenbahn fahren und dann noch mal gut eine halbe Stunde laufen. Und das oftmals alle zwei bis drei Tage.

Sigrid Kasper, Dresden

Sächsische Zeitung, Ausgabe Chemnitz, 14. Mai 1946

Verteilung von Tabakwaren

Auf Veranlassung der Landesverwaltung Sachsen findet für das zweite Vierteljahr 1946 eine Verteilung von Tabakwaren statt, und zwar in Höhe von 20 Zigaretten, oder 6 Zigarren oder 12 Zigarillos, oder 25 Gramm Rauchtabak oder 3 Rollen Kautabak. Die Ausgabe, zu der noch aufgerufen werden wird, erfolgt zunächst nur für Männer nach Maßgabe der vorhandenen Vorräte und Warenarten, während eine Verteilung für Frauen für die nächste Zeit vorgesehen ist.

Tabak

„Ich habe ab 1945 eine Lehre als Bäcker begonnen und erinnere mich noch an Begebenheiten, die damals wichtig waren. Mein Lehrmeister war ein starker Raucher und baute auf seiner Gartenfläche Tabak an. Schon die ersten unteren Blätter, die sogenannten „Sandblätter", mußte ich ernten. Seitlich des Backofens war eine kleine Röhre, hier kamen die Tabakblätter hinein, sie waren im Handumdrehen trocken. Mein Meister kehrte dann alles sorgfältig heraus und drehte sich eine Zigarette. Es stank fürchterlich, aber es war eine Zigarette.

Profis unter den Rauchern haben die Blätter zuerst fermentiert. Jeder hatte sein Geheimrezept. Da wurden die Blätter in einen Karton geschichtet und mit Zuckerwasser oder Pflaumensaft benetzt, damit sich die Fermente, auch Enzyme genannt, entwickeln konnten.

Im Herbst mußte ich die kahlen Stengel der Tabakpflanzen vom Feld holen. Sie waren mitunter 2 Meter hoch und armdick. Alles wurde gebündelt und kam auf den Backofen, wo sie im Laufe des Winters prasseldürr wurden. Nach und nach holte ich die Stengel vom Ofen, zerkleinerte sie, und mein Meister hatte wieder etwas zu rauchen. Es stank noch fürchterlicher. Übrigens haben die Soldaten der Roten Armee dasselbe geraucht. Sie nannten es „Machorka", wir „Stalinhächsel". Alfred Uhlmann, Dresden

Leipziger Volkszeitung, 26. Mai 1949

Tabakanbau lohnt sich

Der Tabakkleinpflanzer erhält in diesem Jahr für seinen geernteten Tabak Zigaretten zu 10 Pfennig und auch Rauchtabak besonders preisermäßigt. Nur der eigene Tabakanbau sichert diese Preisvergünstigung und die Eigenversorgung, da Tabakwaren weiterhin nur gegen Raucherkarte abgegeben werden. Jeder Gartenbesitzer ist berechtigt, bis zu 99 Pflanzen anzubauen. Die Gärtnereien liefern jetzt hochwertige Tabakpflanzen, die jetzt auszupflanzen sind.

Volkszeitung (Dresden), 1. Oktober 1946

Tabakkleinpflanzer! Sie erhalten bei der bekannten Wela-Tabakfabrik, Dresden A 29, Gottfried-Keller-Str. 85, Ihren erbauten Tabak unter Beimischung von ausländischen Tabaken als Fein- oder Krüllschnitt umgetauscht. Bei Anlieferung von trockenem Tabak sichern wir Ihnen fachmännische Bearbeitung u. billigste Berechnung zu.

„Mein Vater hat den Vorgarten zum Tabakanbau genutzt. Die großen Blätter wurden später auf Draht gefädelt und auf dem Dachboden getrocknet. Dann mußte ich sie mit einer kleinen Hebelschere in feine Streifchen schneiden. Mein Vater besaß ein aus einer Blechschachtel gefertigtes Zigarettendrehgerät, mit dem er sich seine „Glimmstengel" selbst drehte. Christine Seidemann, Cossebaude

„Auf einem Gartenfest habe ich mal ein Gedicht über die Kippenraucher vorgetragen. Zwei Strophen sind mir noch im Gedächtnis. Damals hat man sich nicht geschämt, jede Kippe aufzuheben. Ernst Kuhn, Berlin, früher Dresden

Wenn ich so auf der Straße geh,
halt ich den Kopf geneigt,
ob ich nicht einen Stummel seh,
der für drei Züge reicht.
Und find ich ihn; freu ich mich sehr,
falls er sogar noch brennt,
Dann spar ich auch noch Streichhölzer:
das ist mein Kontingent.

Wenn ich so auf der Straße geh,
dann tu ich ganz betrübt,
ob ich nicht einen Stummel seh,
der noch zwei Züge gibt.
Ich bück mich schnell und steck ihn ein,
bevor mich einer sieht.
Es würde mir doch peinlich sein,
wünscht man mir Guten Appetit.

Freie Presse, Ausgabe Zwickau, 28. Mai 1946

Jedem sein eigenes Kraut

Früher habe ich mir meine Stinkadores im Laden gekauft, in diesem Jahr werde ich sie mir selber drehen oder wickeln, nachdem ich das Rohmaterial als „Kleinpflanzer" herangezogen habe. Zwischen Salat, Petersilie und Radieschen werden sich meine Vorstenlanden- Stauden recht gut ausnehmen. Heute bin ich glücklicher Besitzer - nicht eines rauchbaren Tabaks, sondern einer kleinen einschlägigen Bibliothek über mein Lieblingsthema „Tabakkulturen". Aus der Theorie werde ich eine fruchtbringende Praxis entwickeln. Leider sind die Anweisungen etwas widersprechend: in der einen Anleitung wird rotblühender Tabak empfohlen, in der anderen werden die gelben Blüten gepriesen. Als versöhnlicher Mensch habe ich den Mittelweg eingeschlagen. Also Mischung des Samens. Rot und gelb ergibt orange. Das ist das Richtige. Ein Südhang in meinem Grundstück, der mich schon immer geärgert hat, wird in diesem Sommer der neidischen Mitwelt einen ganzen Wald von prächtigen Tabakstauden vor Augen führen. Wenn alle Raucher so handeln, kommt keiner in Versuchung, den Nachbar zu beneiden oder gar zu bestehlen. Die Beschäftigung mit dem Eigenanbau von Tabak macht Spaß. Wirklich! Schon die Vorfreude auf das edle Kraut läßt mein Herz höher schlagen. Tricks und Geheimrezepte guter Freunde, Nachbarn und dergleichen über zweckmäßigste Fermentation können mich nicht erschüttern. Ich will nicht an Nikotinvergiftung eingehen. Ich weiß auch, daß alles naturgemäß vor sich geht und sogenannte „Wunder" nicht zu erwarten sind. In diesem Sinne: Sonne auf den deutschen Tabak!

Anweisungen und Mitteilungen der HO-Gaststätten Zentrale Leitung
Berlin, den 27. Februar 1952

Lager- und Transportvorschriften für Zigaretten in Weichpackungen

Vom Staatssekretariat für Nahrungs- und Genußmittelindustrie wird uns mitgeteilt, daß in nächster Zeit mit der Ausgabe von Zigaretten in Weichpackungen zu rechnen ist. Zur Vermeidung von Verlusten (...) sind die nachstehenden Vorschriften unbedingt einzuhalten. (...)
Beim Beladen von Fahrzeugen ist besonders darauf zu achten, daß alle Pakete im Fahrzeug festliegen, also nicht durcheinander fallen können, da sonst Beschädigungen der Pakete und damit der Zigaretten unvermeidlich sind. Beim Beladen der Fahrzeuge müssen, wenn verschiedene Packungsarten zum Versand kommen, die Weichpackungen immer zuletzt eingeladen werden, damit sie am wenigsten einem Druck ausgesetzt sind.

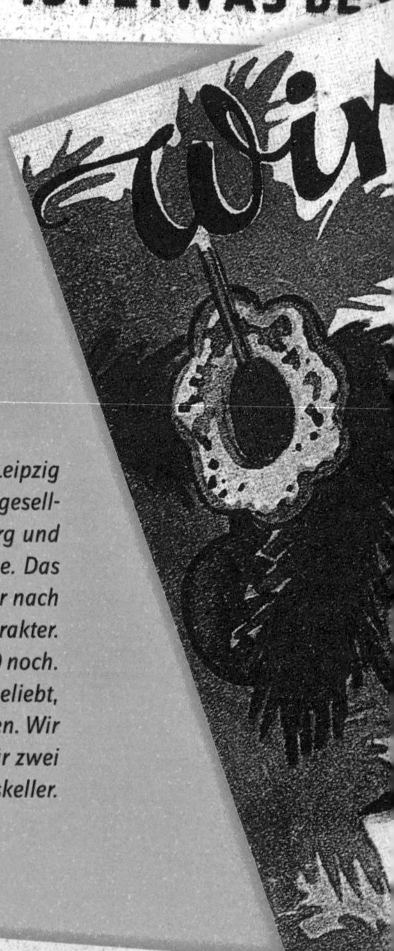

Feiern und Festtage

Feiern in Gaststätten

„Wir heirateten im Februar (1949), die Feier fand im Ratskeller in Leipzig statt. Zu dieser Zeit war der Ratskeller nicht in der Lage, eine Hochzeitsgesellschaft entsprechend zu versorgen. Mein Vater war damals in Hamburg und schickte uns von dort zum Beispiel Ölsardinen. Das war die Vorspeise. Das Hauptgericht mußten wir selbst beschaffen. Ich fuhr mit meiner Mutter nach Schönau bei Leipzig. Das war eine Gegend mit schon dörflichem Charakter. Natürlich mußten wir etwas zum Tauschen anbieten können. Auch 1949 noch. Ich hatte Beziehungen zu Konservenringen, die waren damals sehr beliebt, und auch Essigessenz wurde von der Landbevölkerung gern genommen. Wir fuhren mit den Konservenringen nach Schönau (...) und konnten dafür zwei Kaninchen tauschen. Die Kaninchen brachten wir zum Koch in den Ratskeller. Der servierte uns daraus einen schönen Hochzeitsbraten. Ahbe/Hofmann

Freie GASTSTÄTTE

Leipzig C1 • Katharinenstraße 12 • Tel. 63021

Leipzig,den 8. Dez. 19

Tischzeit:

Mittag von 12.00 – 14.3o Uhr
Abend " 18.00 – 21.3o "

Speisenkarte

Nur Fleischmarkenabgabe

Kleines Gedeck: (1oo gr. Fleischmarken) DM 7.3o

Leg. Gemüsesuppe
Rinderbraten mit Karotten – Salzkartoffeln

(4oo gr.Kart., 1oo gr.Fleisch, 15 gr.Butter, 5o gr.Mehl
25o gr.Gemüse, 5o gr.Nährm., 3o gr. Zucker)

Grosses Gedeck: (1oo gr. Fleischmarken) 12,-

Leg. Gemüsesuppe
Gebr.Hering mit Kartoffeln
Rinderbraten mit Makkaroni
-Süsspeise-
(2oo gr.Kart., 75 gr.Nährm., 15o gr.Fisch,
1oo gr.Fleisch, 2o gr.Butter,1oo gr.Mehl,
5o gr.Nährm., 3o gr.Zucker)

Fleischgerichte: (1oo gr.Fleischmarken) 4

Schweineschnitzel mit Grünkohl – Salzkartoffeln
(4oo gr.Kart., 1oo gr.Fleisch, 25o gr.Gemüse,
15 gr.Butter, 1o gr.Mehl) 6

Rinderbraten mit Makkaroni
(15o gr.Nährm., 1oo gr.Fleisch, 15 gr.Butter, 3o gr.Mehl)

Fischgerichte: (ohne Fleischmarkenabgabe)

Gebr.Hering mit Kartoffelsalat
(4oo gr.Kart., 25o gr.Fisch, 1o gr.Butter, 3o gr.Mehl)

Gemüseplatte,garniert
(2oo gr.Kart., 1o gr.Butter, 5o gr.Mehl, 75o gr.Gemüse)

...geld wird nicht erhoben. Das Bedienungspersonal
...kassieren.

FASTNACHTSPFANNKUCHEN
(Ersatz)

Runde weiche Brötchen aufschneiden und innen mit etwas Zuckerwasser beträufeln. In die Mitte des unteren Brötchenteils einen Klecks Marmelade geben, das Oberteil darüber klappen. Die Brötchen in der Pfanne auf beiden Seiten braten und später mit Zucker bestreuen.

*„In jenen Tagen war etwas Eßbares das größte Geschenk. Worüber freute sich unsere Familie anläßlich der Konfirmation meines Bruders Martin 1947 am meisten?
Das Geschenk war ein Eimer Kartoffeln. Und obenauf lagen drei Heringe! Am nächsten Tag unterhielten sich die Konfirmanden über ihre Geschenke, die nach Pfunden berechnet wurden. Der Sieger war jener mit zwei Dreipfundbroten.* Bernd-Lutz Lange

„Zu meiner Konfirmation bekam ich von einer Bekannten, die in einer Großküche arbeitete, einen Eimer rohe, geriebene Kartoffeln. Ich war glücklich. Es gab rohe Klöße, Mutter zauberte etwas Soße (ohne Fleisch) dazu, und als Kompott aßen wir „Rote Grütze" aus roten Rüben. Erika Tottewitz, Leipzig

„Die Geselligkeit spielte in den Nachkriegsjahren eine große Rolle. Bei den in unserem Bekanntenkreis häufig gefeierten Feten gab es vor allem selbstgekelterten Obstwein zu trinken. In der Nachbarschaft gab es eine Obstpresse, und ich kann mich noch sehr gut erinnern, daß im Herbst auf dem Küchenschrank mehrere Ballons Obstwein „glucksten". Christine Seidemann, Cossebaude

Viele Menschen suchten Abwechslung und Unterhaltung in den Tanzlokalen. Man hoffte dort auf einen Partner fürs Leben – oder für die Schiebergeschäfte. Die Tanzkapellen schossen wie Pilze aus der Erde, sie ließen Schlager erklingen, die Tanzflächen waren immer rappelvoll. An der Spitze stand lange Zeit das Lied von den „Caprifischern", meist wirkungsvoll im Rudi-Schurike-Stil von einem Baßbariton vorgetragen.
Eine Kleinigkeit zu essen konnte man beim Kellner bestellen: durch Einsalzen konservierte Rübenblätterspinat- und Zwiebelgemüse gegen Abgabe von Fettmarken.
Im Messehaus Petershof waren einige Fässer eingefrostetes Gemüse (Möhren, Erbsen, Kohlrabi, Rübenblätterspinat) übrig geblieben. Das Angebot war auf einer aushängenden Tafel abzulesen.

Leipziger Gastronomie

Das Eßbesteck, bei der Sektkellerei Freyburg entliehen, wurde nur gegen Pfand ausgeliehen. Das Getränkeangebot umfaßte Einfachbier, Faßbrause, Selterswasser, Apfelsaft, Spirituosen und Brühe.

Leipziger Gastronomie

Die Schere

Ein Ruhmesblatt in der Geschichte der Gastronomie war sie nicht, die Schere. Aber sie gehörte über 15 Jahre (d.h. ab 1945) zu den Utensilien der Kellner und war dazu bestimmt, Fleisch-, Fett-, Nährmittel-, Mehl- und Zuckerabschnitte von den kargen Lebensmittelkarten, die der Gast vorzulegen hatte, abzutrennen.
Meist an einer schwarzen Schnur, an einem schwarzen Bändchen oder an einer kleinen Kette getragen – individuellen Vorstellungen waren keine Grenzen gesetzt –, baumelte sie am deutschen Kellner-Einheitsanzug in nächster Nachbarschaft mit dem Kassenschlüssel für die alte und unermüdliche National-Registrier-Kellnerkasse, an der bis zu 12 Kellner arbeiten konnten.
Serviererinnen befestigten das Bändchen am Schürzenband oder mit einer Sicherheitsnadel irgendwo. Weniger Gewissenhafte zogen die Schere aus einer Rock-, Jackett- oder Schürzentasche hervor, dabei immer Gefahr laufend, sich zu verletzen.
Lose Lebensmittelkartenabschnitte durften nicht angenommen werden.
Die Schere als Handwerkszeug ist in keinem Fachbuch für Kellner zu finden und sollte dort auch niemals einen Platz erhalten. Sie war ein Requisit der Not und des Kriegselends, das bis weit in die 50er Jahre Nachwirkungen zeigte.

Alkolat und Korkengeld

Und die Getränke? Stundenweise gab es auch Alkolat, eine Art Wermutgetränk mit seichtem Alkoholgeschmack, ansonsten Dünnbier und Limonade. Für Gäste, die heimlich stärkere Getränke einschleusten, nach deren Herkunft niemand fragte, gab es die sinnige Einrichtung eines Korkengeldes, die den Wirt an diesem Geschäft teilhaben ließ. Groß waren die Zechen nicht.

Freie Gaststätten - die SU macht's möglich

In Dresden hatte sich (1948) die Landesleitung für den volkseigenen Handel etabliert, die nun die Eröffnung der ersten „Freien Gaststätten", auch in Leipzig, in die Wege leitete. Aber Hilfe kam ebenfalls von der Sowjetischen Militäradministration (SMAD), die Intourist (GmbH) beauftragte, die Gastronomie in Gang zu bringen. Die ausgedehnten Kellerräume (des Auerbachschen Kellers) waren die idealen Lagerräume für den nun aus der Sowjetunion einsetzenden Warenstrom. Die Räume füllten sich mit Säcken von Mehl, Weißzucker, Kaffee, mit Blöcken von Butter, Rädern von Käse, Kisten mit sowjetischem Sekt, Krimweinen und sowjetischen Spirituosen, Blechdosen mit Malossolkaviar und den kleinen Tönnchen mit Preßkaviar, Ölsardinen und Krebsfleisch. Alle diese Waren wurden nicht auf Lebensmittelkarten verkauft, sondern zu mit der Landesregierung abgesprochenen und genehmigten Preisen, den so genannten freien Preisen, abgegeben. Die Warenlieferungen waren so reichlich, daß sich Intourist entschloß, sie durch Verkauf in Kiosken der breiten Bevölkerung zugänglich zu machen. (...) Diese Verkaufseinrichtungen erfreuten sich bei der Bevölkerung großer Beliebtheit und hatten während ihrer gesamten täglichen Öffnungszeit von 9.00 bis 20.00 Uhr eine starke Nachfrage zu verzeichnen. Außer Brühpolnische mit Brötchen, die der große Renner waren, gab es je nach Eingang abgepackte Ware wie Kaffee, Mehl, Weißzucker, Schokolade, Konserven, SU-Weine, Spirituosen und Sekt oder ausgewogene Waren wie Schnittkäse, Butter und Quark. Auf diese Weise konnte man, wenn auch für entsprechende Preise, den durch die Markenzuteilung knappen Küchenzettel erweitern. (...)

Im Vergleich zu den Löhnen und Gehältern der damaligen Zeit waren die Preise in den „freien Gaststätten“ stark überhöht.
Im „Vogtlandhof“ in Plauen kostete 1948 ein Schweineschnitzel 29,40 Mark, eine Bockwurst mit Kartoffelsalat 8,60 Mark. Der Stundenlohn in diesem Jahr betrug für einen Transportarbeiter 84 Pfennig, der Durchschnittswochenlohn 50 Mark und das Anfangsgehalt einer Lehrerin (mit drei Kindern) monatlich 257,86 Mark.
Zur Verwunderung der Gäste in den „freien Gaststätten“ änderten sich auch die Speiseangebote; nicht nur die Zutaten kamen überwiegend aus der SU, sondern auch die Rezepte. Eine Auswahl aus dem Speisenangebot in Leipzig:

Balyk aus Bjeloryba

Geräucherte Sevrjuga

Fleischbrühe mit Profitroljami

Schtschi, grün, aus Spinat und Fleisch

Botwinja-Suppe mit Störfisch

Tschawytscha-Fisch in Weißweinsoße

Sambuk aus Aprikosen

Chatschapuri

Maslini

Kupati mit Tkemla-Sauce

Peregala, am Spieß gebraten, mit Apfelsalat

Soljanka-Fleischsuppe, die auch
heute noch in vielen Gaststätten angeboten wird.

Leipziger Gastronomie

Während in den Kiosken nur zur gültigen Währung unseres Landes verkauft wurde, bestanden in den Intouristgaststätten auch Valutaabteile, in denen ausländische Währungen wie Dollars oder englische Pfund in Zahlung genommen wurden. So war das Weinabteil in Auerbachs Keller ein ausgesprochenes Devisenabteil.

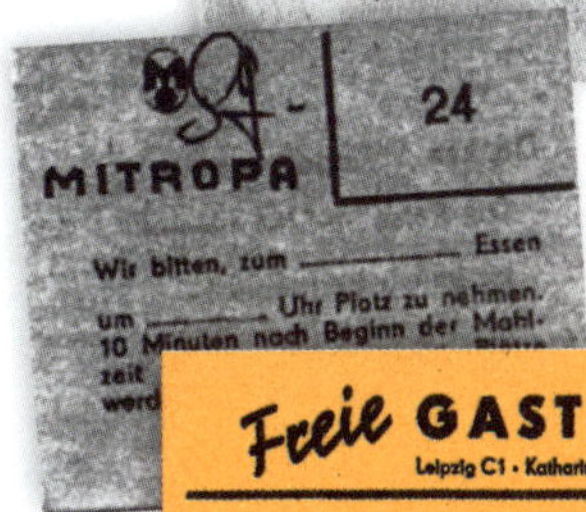

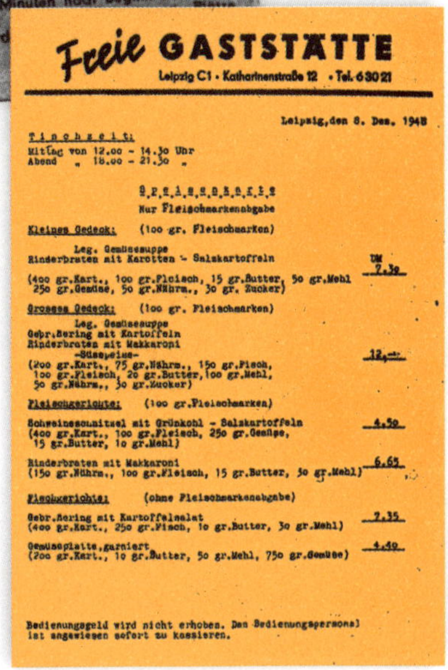

Freie GASTSTÄTTE
Leipzig C1 · Katharinenstraße 12 · Tel. 63021

Leipzig, den 8. Dez. 1948

Tischzeit:
Mittag von 12.00 – 14.30 Uhr
Abend " 18.00 – 21.30 "

Speisenkarte
Nur Fleischmarkenabgabe

Kleines Gedeck: (100 gr. Fleischmarken)
Leg. Gemüsesuppe
Rinderbraten mit Karotten – Salzkartoffeln — DM 7.30
(400 gr. Kart., 100 gr. Fleisch, 15 gr. Butter, 50 gr. Mehl 250 gr. Gemüse, 50 gr. Nährm., 30 gr. Zucker)

Grosses Gedeck: (100 gr. Fleischmarken)
Leg. Gemüsesuppe
Gebr. Hering mit Kartoffeln
Rinderbraten mit Makkaroni
-Süsspeise- — 12,–
(200 gr. Kart., 75 gr. Nährm., 150 gr. Fisch, 100 gr. Fleisch, 20 gr. Butter, 100 gr. Mehl, 50 gr. Nährm., 30 gr. Zucker)

Fleischgerichte: (100 gr. Fleischmarken)
Schweineschnitzel mit Grünkohl – Salzkartoffeln — 4.50
(400 gr. Kart., 100 gr. Fleisch, 250 gr. Gemüse, 15 gr. Butter, 10 gr. Mehl)
Rinderbraten mit Makkaroni — 6.65
(150 gr. Nährm., 100 gr. Fleisch, 15 gr. Butter, 50 gr. Mehl)

Fischgerichte: (ohne Fleischmarkenabgabe)
Gebr. Hering mit Kartoffelsalat — 7.35
(400 gr. Kart., 250 gr. Fisch, 10 gr. Butter, 30 gr. Mehl)
Gemüseplatte, garniert — 4.40
(200 gr. Kart., 10 gr. Butter, 50 gr. Mehl, 750 gr. Gemüse)

Bedienungsgeld wird nicht erhoben. Das Bedienungspersonal ist angewiesen sofort zu kassieren.

Weihnachten

Die erste Weihnacht 1945 war für viele Menschen ein beglückendes Erlebnis: Endlich Frieden.

Es wurde Weihnachten, bis wir uns (Vermieter und Flüchtlinge) aneinander gewöhnten. (Die Wirtin) mußte uns aufnehmen; das zugewiesene Zimmer war gutbürgerlich eingerichtet mit Umbauliege und Kredenz. Ein Klavier stand darin. (...) Weihnachten kam, die Frau war sehr reserviert und bestimmt auch unglücklich. Am Heiligen Abend, als wir aus der Kirche kamen, klopfte es an unserer Tür. Unsere Vermieterin kam plötzlich herein. Diesen Augenblick vergaß auch meine Mutter nie. (Die Vermieterin) setzte sich mit uns zusammen. Sie hatte Kartoffelsalat gemacht, den wir als Schlesier gar nicht kannten, und wollte mit uns essen; sie setzte sich danach ans Klavier und spielte Weihnachtslieder. Wir sangen mit ihr. Das Eis zwischen uns war gebrochen. Und in diesem Moment klingelte es. Leute, die über uns im Haus wohnten, brachten uns einen fertig geschmückten Weihnachtsbaum, mit Kugeln behängt und dem, was man damals so hatte. Es war eine Familie mit zwei erwachsenen Kindern; sie verzichteten auf ihren Weihnachtsbaum und schenkten ihn uns. Sie sagten: „Sie haben Kinder, und die sollen den Weihnachtsbaum haben. Wir brauchen ihn nicht unbedingt." Ich war acht Jahre damals, aber das ist mir tief in Erinnerung geblieben. Ahbe/Hofmann

In der Prinz-Eugen-Straße befand sich das Forstamt. Dort kannte ich aus der Nachbarschaft einen Förster, sein Sohn ging mit mir zur Schule. Ich fragte nach einem Weihnachtsbaum und konnte für 50 Pfennige hinunter in die Teichstraße gehen, in den Forstgarten und mir einen schönen Weihnachtsbaum aussuchen. Zu essen gab es Hasen, denn der Förster hat von mir eine Flasche Rotwein, die ich mir zwei Jahre vorher aus Frankreich mitgebracht hatte, bekommen. So aßen wir 1945, wie vor dem Krieg, wieder einen wunderschönen Hasen. Bloß der Speck hat nicht gereicht.

Ahbe/Hofmann, Weihnachtsfeier 1945

Ein Mitglied der KPD (...) trug dann vor, was man zur Kinderbescherung u. zum Erwachsenenfest am 16. XII. vorbereitet habe. Die Kinder werden am Nachm. Spielzeug und Gebäck erhalten (...) - Die Erwachsenen am Abend ebenfalls Gebäck und „ausreichenden Kartoffelsalat". Wir mußten noch, um mitmachen zu können, nachträglich je 10 gr. Fettmarken u. einen Eßlöffel Zucker beisteuern. Victor Klemperer

Anstelle von Mandeln, die es nicht gab, wurden für Weihnachtsstollen aufgeschlagene Pflaumenkerne verwendet. Zu Festtagen gab es kleine Sonderzuteilungen wie Süßigkeiten, Kakao, auch Bohnenkaffee, z. B. 100 g pro Person. Renate Mendow, Riesa

Von der Schule (...) wurde eine Weihnachtsfeier vorbereitet. Wir konnten es kaum erwarten. (...) Der Direktor hatte einen geheizten Raum in der Torgauer Straße ausfindig gemacht (...): Zur Weihnachtsfeier war es dort wunderbar warm. Ich weiß nicht mehr, was damals auf der Bühne geboten wurde (...). Mich interessierten die Kisten und Kartons viel mehr, (...) und ich rätselte, was wohl darin sein mochte. Beim Verteilen wurden manche Gesichter ein bißchen länger. Es gab zwei Kekse und eine Tasse mit Fondant. Der Veranstalter der Weihnachtsfeier entschuldigte sich, daß er so wenig hatte. Er sagte damals sinngemäß, daß er seine ganze Hoffnung darauf gesetzt hatte, daß die FDJ, die damals (1946) gerade gegründet worden war, in den Weltjugendbund aufgenommen würde. Und daß dann vielleicht Hilfssendungen und Spenden aus dem Ausland gekommen wären. Aber das war nicht geschehen, zu sehr waren die Deutschen verhaßt. Ahbe/Hofmann

Mein Vater war in amerikanischer Kriegsgefangenschaft und ist am 1. Weihnachtstag 1946 entlassen worden. Silvester stand er vor unserer Tür. Die Freude war unbeschreiblich! Gerlind H., Bautzen

MARZIPANKARTOFFELN

250 g Salzkartoffeln
125 g Zucker
2 EL Wasser
Mandelaroma

Zucker mit Wasser aufkochen und die gekochten, durch die Presse gedrückten Kartoffeln dazu geben und erhitzen, bis sich die Masse vom Topfboden löst. Nach dem Erkalten mit Mandelaroma abschmecken und kleine Kugeln daraus formen. Wenn vorhanden, in etwas Kakao wälzen.

Bereits ab Dezember 1945 fanden in vielen Städten Weihnachtsmessen und -märkte statt, in denen Speisen und Getränke verkauft wurden. In den ersten Jahren war das Angebot entsprechend spärlich, meist mußten Lebensmittelmarken abgegeben werden, in den späteren Jahren verbesserten sich die Verhältnisse.
In einem Bericht über die Vorbereitung der Dresdener Weihnachtsmesse 1953 wird auch auf die bessere Versorgungslage der Stadt Leipzig hingewiesen:

„Der neue Kurs unserer Regierung bietet in diesem Jahr besondere Möglichkeiten, den Willen unserer Regierung zur Verbesserung der Lebenslage in unserem Marktteil demonstrativ zum Ausdruck zu bringen. Es muß uns und allen Handelsorganen eine politische Verpflichtung sein, keine Anstrengungen in diese Richtung zu scheuen. (...) Wir regten an, Erdnüsse und Mandeln zu beschaffen und auf der Weihnachtsmesse zu rösten, Bratäpfel und Kartoffelpuffer anzubieten, Ochsen am Spieß zu braten, ein Weihnachtsgebäck zu schaffen, warme Blutwürstchen und 50 g gebratene Bockwurst anzubieten, wie wir es in Leipzig zur Messe zum Preise von DM -,51 für 125 g Blutwürstchen mit Semmel und DM -,80 für eine halbierte Bockwurst mit Semmel gesehen hatten. Dresdner Geschichtsbuch 2

„(Silvester 1946) Es fehlen nur noch 10 Minuten an 12 h. Und wo werden wir nächstes Silvester sein? Vater sagte immer „auf dem Sirius“. - Weiterarbeiten, alles andere ist Unsinn und Zeitvergeudung. Und wenn endlich irgendein Auslandspaket eintrifft u. der Fraß ein bißchen besser wird, hebt sich vielleicht auch die Stimmung. Victor Klemperer

chten!

LEBKUCHEN MIT MÖHREN (OHNE FETT UND EI)

150g Sirup (Zuckerrübenkraut)
150g Zucker
150g geriebene Möhren
500g Weizenmehl
1 Päckchen Backpulver
Pfefferkuchengewürz

Sirup und Zucker zerlassen und in eine Schüssel geben. Ist die Masse erkaltet, die Gewürze und die Möhren zugeben. Mehl und Backpulver mischen und alles zu einem streichfähigen Teig verrühren. Mit einem Teigschaber eine etwa ein Zentimeter dicke Schicht auf ein gefettetes Backblech streichen, mit dem Messer gleichmäßige Dreiecke einritzen und abbacken.

SPEKULATIUS

250g Mehl (auch Roggenmehl)
4 EL Zucker
1 EL gesiebter Kaffee-Ersatz
10g Fett
2 TL Backpulver
etwas Salz
6 EL Kaffeeflüssigkeit
zum Kneten

Alles zu einem Teig kneten, dünn ausrollen, Formen ausstechen und backen.

DRESDENER STOLLEN 1946

500g Weizenmehl
150g Zucker
100g Margarine
125g Quark (Topfen)
1 Päckchen Puddingpulver
1 Ei
4 EL Milch
Backaroma
etwas Salz
150g Rosinen oder
geschnittenes Backobst

Mehl und Backpulver auf ein Backbrett (Tischplatte) sieben und mischen. In die Mitte eine Vertiefung drücken, Zucker, Aroma, Ei und das mit etwas Flüssigkeit angerührte Puddingpulver hineingeben und alles zu einem dicken Brei verrühren. Darauf gibt man die in Stücke geschnittene kalte Margarine, den durch ein Sieb gestrichenen Quark und die Rosinen. Alles zu einem Kloß zusammendrücken und schnell von der Mitte aus zu einem glatten Teig verarbeiten. Den Teig zu einer ca. 30 mal 16 Zentimeter großen Platte ausrollen und zum Stollen formen und 70 bis 80 Minuten bei schwacher Mittelhitze backen. Wenn vorhanden, den Stollen gleich nach dem Backen mit etwas zerlassenem Fett bestreichen und mit Puderzucker bestreuen,

HAFERFLOCKEN-MAKRONEN

125 Gramm Haferflocken in etwas Öl und einem Eßlöffel Zucker rösten. 50 Gramm Mehl, eine Tüte Backpulver und 50 Gramm Zucker mit etwas Milch oder Wasser und Mandelaroma zu einem Brei rühren und die gerösteten Haferflocken zugeben. Danach ein Eischnee unterrühren, auf ein Blech kleine Häufchen setzen und rasch abbacken.

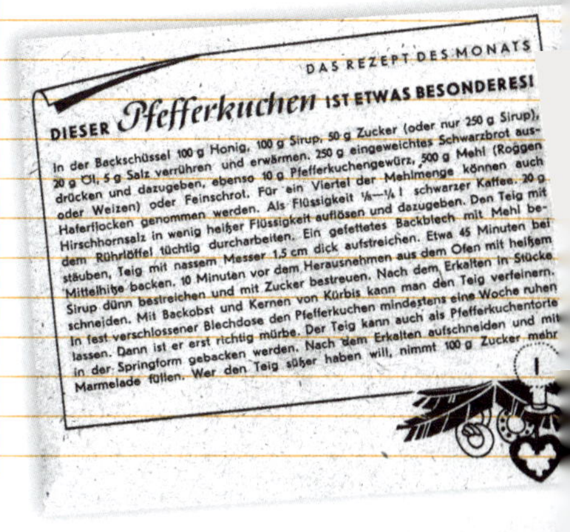

DAS REZEPT DES MONATS

DIESER Pfefferkuchen IST ETWAS BESONDERES!

In der Backschüssel 100 g Honig, 100 g Sirup, 50 g Zucker (oder nur 250 g Sirup), 20 g Öl, 5 g Salz verrühren und erwärmen. 250 g eingeweichtes Schwarzbrot ausdrücken und dazugeben, ebenso 10 g Pfefferkuchengewürz, 500 g Mehl (Roggen oder Weizen) oder Feinschrot. Für ein Viertel der Mehlmenge können auch Haferflocken genommen werden. Als Flüssigkeit 1/8—1/4 l schwarzer Kaffee. 20 g Hirschhornsalz in wenig heißer Flüssigkeit auflösen und dazugeben. Den Teig mit dem Rührlöffel tüchtig durcharbeiten. Ein gefettetes Backblech mit Mehl bestäuben, Teig mit nassem Messer 1,5 cm dick aufstreichen. Etwa 45 Minuten bei Mittelhitze backen. 10 Minuten vor dem Herausnehmen aus dem Ofen mit heißem Sirup dünn bestreichen und mit Zucker bestreuen. Nach dem Erkalten in Stücke schneiden. Mit Backobst und Kernen von Kürbis kann man den Teig verfeinern. In fest verschlossener Blechdose den Pfefferkuchen mindestens eine Woche ruhen lassen. Dann ist er erst richtig mürbe. Der Teig kann auch als Pfefferkuchentorte in der Springform gebacken werden. Nach dem Erkalten aufschneiden und mit Marmelade füllen. Wer den Teig süßer haben will, nimmt 100 g Zucker mehr.

Rezepte von A bis Z

Zitierte Literatur

Ahbe, Thomas u. Hofmann, Michael: Hungern, Hamstern, Heiligabend - Leipziger erinnern sich an die Nachkriegszeit, Leipzig 1996.

Alther, A.: Chronik der Stadt Leipzig 1945-1949, I. Teil, Leipzig o. J.

Bechler, Margret: Warten auf Antwort - Ein deutsches Schicksal, Berlin 1998.

Boruttan, Grete: Gute Kost in magerer Zeit - Rezepte, Ratschläge und Anregungen für die Küche, München 1946.

Canaletto - Journal der Stadtsparkasse Dresden 3/94.

Dresdner Geschichtsbuch 1 - Stadtmuseum Dresden, Dresden 1995.

Dresdner Geschichtsbuch 2 - Stadtmuseum Dresden, Dresden 1996.

Gries, Rainer: Die Rationen-Gesellschaft, Münster 1991.

Keller, Andrea u. Rook, Andrea (Hrsg.): Ich kann von dieser Zeit nicht schwarz, nicht weiß erzählen - Frauen in Bautzen zwischen 1940 und 1950, Bautzen 1996.

Klemperer, Victor: So sitze ich denn zwischen allen Stühlen - Tagebücher 1945-1949, Berlin 1999.

Krone, Andreas: „Plauen nach dem Zweiten Weltkrieg“, in: Plauen 1945 ... und die schweren Nachkriegsjahre, Plauen 1998.

Lange, Bernd-Lutz: Magermilch und lange Strümpfe, Leipzig 1999.

Leipziger Gastronomie 1945-1960. Beiträge zur Betriebsgeschichte. Herausgegeben von der Betriebsparteiorganisation der SED des Volkseigenen Einzelhandelbetriebes (HO) Leipzig Gaststätten, Leipzig 1986.

Merkblatt „Peter-Presse“ zu Leipzig, o. J.

Oehme, Ursula: Alltag in Ruinen - Leipzig 1945 - 1949, Leipzig 1995.

Herbert Pilz, Leipziger Kulinarien. Fachschule für das Gaststätten- und Hotelwesen Leipzig, Heft 3, 1986, Heft 4, o. J.; Heft 5, o. J.; Heft 6, 1989; Heft 7, 1990.

Rühmann, Heinz: Das war's, Berlin/Frankfurt/Main/Wien 1982.

Sowjetische Speziallager in Deutschland 1945 bis 1950. Band 1: Studien und Beiträge, hg. v. Alexander von Plato, Berlin 1998; Band 2: Sowjetische Dokumente zur Lagerpolitik, hg. v. Ralf Possekel, Berlin 1998.

Zwahr, Hartmut u. a.: Leipzigs Messen 1497-1997, Teil 2 1914-1997, Leipzig 1998.

Zusätzliche Informationsquellen

Gibas/Gries/Jakoby/Müller: Wiedergeburten - Zur Geschichte der runden Jahrestage der DDR, Leipzig 1999.

Giesecke, Una u. Igel, Jayne-Ann: Von Maria bis Mary - Frauengeschichten, Dresden 1998.

Heimatgeschichtliche Unterrichtshilfen für die Dresdener Geschichtslehrer, Chancen für eine Wende (Sachsen in der Zeit von 1945-1948), Heft 2, 1988.

Heitzer, Heinz: DDR - Geschichtlicher Überblick, Berlin 1986.

Kreimeier, Klaus: Die Ufa-Story - Geschichte eines Filmkonzerns, München/Wien 1992.

Kukula, Ralf u. Helas, Volker: Ballhäuser in Leipzig, Dresden 1997.

Scherpe, Klaus R. (Hrsg.): In Deutschland unterwegs, Stuttgart 1982.

Verk, Sabine: Geschmacksache - Kochbücher aus dem Museum für Volkskunde, Berlin 1995.

Zeitungen und Zeitschriften:

Frischer Wind

Leipziger Volkszeitung

Sächsische Volkszeitung

Sächsische Zeitung

Tägliche Rundschau

Volksstimme - Landeszeitung der Sozialdemokratischen Partei Deutschlands, Landesverband Sachsen

Rezepte, Kochanleitungen, Spar- und Haushalts-Tips:

Anon.: Ernährungshilfe - Wildgemüse als Zusatznahrung, Berlin 1946.

Anon.: Ernährungshilfe - Deutscher Tee - selbst gesammelt, Berlin 1946.

Anon.: Weihnachtliches, selbstgeformt - selbstgebacken, Faltblatt, Linde Verlag, 1946.

Anon.: Ernte ohne Saat - Wildgemüse im Haushalt, Berlin 1946.

Anon.: Gemüse naturgesäuert - nach einem neuartigen Konservierungsverfahren, Berlin 1946.

Anon.: Gute Soßen und Brotaufstrich m. wenig Fett, Berlin 1945.

Anon.: Pilze - ein nahrhaftes Essen, Köln 1946.

Anon.: Umgewandeltes Roggenmehl - sättigend und schmackhaft, Berlin 1945.

Anon.: Wie koche, brate, backe ich zeitgemäß und doch schmackhaft und abwechslungsreich, Leipzig 1946.

Anon.: Zeitgemäße Sparrezepte für die Hausfrau, Berlin 1946 u. 1948.

Bartel, Anne-Marie: Mit Verstand und Liebe. Ein Kochbuch für schlechte und gute Zeiten, Berlin 1947.

Bey, Hedwig: Kartoffelsorgen - was koche ich morgen? Wuppertal 1946.

Friedrich, Margarethe: Neuartige Kürbisgerichte auf besondere Art, Berlin 1947.

Hauswirtschaftliche Beratungsstellen des Magistrats von Groß-Berlin - Abt. Ernährung (Hrsg.): Der Haushaltsbrief - eine laufende Sammlung zeitgemäßer Ratschläge für sparsames Kochen und Wirtschaften, Berlin 1945-1949.

Hennig, B.: Zusätzliche Ernährung aus Wald und Flur, Berlin 1948.

Horbelt/Spindler: Tante Linas Kriegskochbuch, Frankfurt/Main 1982.

Krause, Kurt: Wir sammeln Wildgemüse, Berlin o. J.

Lüders, Erika: 10 Pfund Eicheln sind 7 Pfund Eichelmehl, Berlin 1946.

Moeries, Elisabeth: Kleines Kochbuch für die Bäuerin, Berlin 1946.

Nann, Elinor: Was essen wir heute? Was essen wir morgen?, Leipzig 1946.

Ohl, R.: Edelgemüse und Marmelade aus Zucker- und Futterrübe - Ein zeitgemäßes Kochbuch, Erfurt 1946.

Stauffer-Otto, Maria: 46 zeitgenössische Kartoffelgerichte, Berlin 1945.

Zwerg, Martha: Schmalhans kocht trotzdem gut, Erfurt 1948.

Sowie zahlreiche Rezepte aus Zeitungen und Zeitschriften der Jahre 1945-1953, Anleitungen auf Beilagezetteln verschiedener Firmen (Dr. Oetker, Döhler, Isses, Wissol u. a.) und Materialien des Archivs der Domäne Dahlem - Stiftung Stadtmuseum Berlin, zahlreiche private Aufzeichnungen, Kochanleitungen und Rezepthefte der Nachkriegszeit und des Archivs der Autorin.

Abbildungsquellen

Fotothek Karl Detlef Mai, Leipzig und Großpösna

Stadtarchiv Leipzig

Landesarchiv-Fotosammlung, Berlin

Archiv BuchVerlag für die Frau, Leipzig

Archiv der Autorin

Danksagung

Mein besonderer Dank gilt den vielen „Mitarbeitern an diesem Buch“:
Arno Alschner, Steina; Renate Brix, Leipzig; Barbara Busch, Leipzig; Frau Dähne, Colditz; Frau Deuchert, Neu-Isenburg; Frau Gauwerda, Leipzig; Frau Geiger, Dresden-Cossebaude; Wilma Gerbeth, Radebeul; Edith Geßwein, Torgau; Bernd Glenz, Böhlitz-Ehrenberg; Gisela Heinrichs, Leipzig; Alix und Horst Heinze, Weixdorf; Ursula Henning, Dresden; Klaus J. Hofmann, Radeberg; Gisela Hornig, Dresden; Sigrid Kasper, Dresden; Karin Kind, Holzhausen; Gisela Klyne, Werdau; Anke Knieper, Berlin; Christine Knöchel, Leipzig; Elfriede Knoll, Belgern/Elbe; Gabriele Kötz, Leipzig; Hannelore Kuhn, Dresden; Uta Kupfer, Markkleeberg; Frau Kusche, Dresden; Renate Mendow, Riesa; Gertraude Mondon, Leipzig; Charlotte Müller, Liebertwolkwitz; Bianca Nagel, Schlüsselfeld; Monika Neuendorf, Ilmenau; Susanna Neumann, Leipzig; Rosemarie Neumann, Torgau; Dr. Dieter Panier, Ilmenau; Erika Petzold, Leipzig; Waltraud Piersig, Radeberg; Manfred Richter, Langebrück; Eva-Maria Rosemann, Torgau; Ilse Sachse, Leipzig; Rosemarie Sattler, Kierspe; Irmgard Scheierke, Rackwitz; Maria Schmidt, Mölau; Ellinor Schneider, Leipzig; Ingeborg Schramm, Böhlitz-Ehrenberg; Dr. Siegfried Schumann, Böhlitz-Ehrenberg; Christine Seidemann, Cossebaude; Rosemarie Starke, Leipzig; Karla Stiehler, Zwickau; Peter Thomas, Kirchberg; Lutz Tittel, Langebrück; Erika Tottewitz, Leipzig; Alfred und Gretl Uhlmann, Dresden; Karla Warncke, Leipzig; Christa Wäscher, Bad Düben; Ilona Weidemann, Berlin; Dr. Barbara Weihnhold, Dresden; Eberhard Weiß, Borsdorf; Christa Weißbach, Leipzig; Edith und Gerhard Weith, Zwickau und den vielen Einsendern, die namentlich nicht genannt werden wollen.

Sowie

Mathias Orvat, Leipziger Volkszeitung
Sächsische Volkszeitung, Dresden
Frau Heike Gärtner, Stadtarchiv Leipzig
Frau Stadtarchivarin Gräbner der Stadt Torgau
Herrn Köhler, Stadtverwaltung Pirna
Frau Kamatz, Stadtarchivarin Radebeul
Frau Schön, Stadtarchiv Grimma
Frau Schmidt, Stadtarchiv Zwickau
Frau Naumann, Stadtarchiv Plauen
Andrea Rook, Gleichstellungsstelle Stadtverwaltung Bautzen
Dr. Birgitt Düsterwald, Förderverein Deutsches Kleingartenmuseum e.V., Leipzig
Freiberger Altertumsverein e.V.
Gedenkstätte Bautzen
Frau Sohl, Stadtgeschichtliches Museum, Leipzig
Karl-Heinz Hempel, Stadtmuseum Hoyerswerda
Dr. Rainer Gries, Leipzig
Karin Jeschke, Dresden

Mein besonderer Dank gilt Herrn Richard Tiefenbach, Leipzig und Herrn Wolfgang Henke, Dresden, die mir ihre umfangreichen Tagebücher aus der Nachkriegszeit zur Einsicht und Auswertung überließen.

Für Mithilfe und freundliche Unterstützung danke ich Herbert Pilz, Leipzig, für die Benutzung seines umfangreichen Archivs, für Hinweise und Kontakte: Winfried Ripp, Volker Helas, Balance Film, Dresden, sowie hilfreiche Unterstützung in Berlin von Ingrid Binder, Hannelore Fuchs, Leonie Fuchs, Borghild Kolk, Barbara Cronenberg, Kathrin Panier und meiner Famile.

Über die Autorin

Rosemarie Köhler, Journalistin und an der Berliner Akademie der Künste langjährig für die Öffentlichkeitsarbeit zuständig , lebt und arbeitet in Berlin. Aus dem Interesse an Alltagskultur und der Geschichte der Nachkriegszeit entstanden Notkochbücher für Berlin, Bayern und das Rheinland. Die Autorin führt auch kulturhistorische Stadt-, Park- und Friedhofsspaziergänge in Berlin und Potsdam durch.